無名氏全集第二卷下冊

野獸‧野獸‧野獸

卜寧（無名氏）著

文史哲出版社印行

第五章

一

這是一千八百年以前的事：

住居意大利龐貝城的人，突然聽見一聲霹靂巨響，目睹一片黑煙黑霧，才想分析是什麼時，一陣大毀滅狂流——維蘇威火山熔岩的怒潮，已把他們吞沒了。思想與意識從沒有這樣脆弱過。

歷史常常也是如此，在它最致命的黑暗剎那，當人們才想分析什麼時，一陣大毀滅狂流已把他們吞沒了。——思想和意識從沒有這樣脆弱過

……………………

夜：依然是夜，無底的夜。無限黑暗的深坑中，忽然，一個銳叫聲撕碎夜暗，聲音淒厲而慘酷——一個人被謀殺了。

第二個銳叫聲接著也劃過夜暗。跟著是第三個銳叫聲，第四個銳叫聲，第五個……

謀殺開始了！

血佔領世界！

無恥佔領世界！

………………………

人們驚顧四望，失色的張惶著，偷偷耳語著，聲音蛇樣低低嘶鳴。

——分裂了！……分裂了！……分裂了！……分裂了！……

分裂了！

黨分裂了！

革命分裂了！

正義分裂了！

眞理分裂了！

一個新的「黑暗時代」，鱷魚似的爬到中國大陸。在人們記憶裡，這鱷魚並不是一種新物體。

一部用白骨蘸著白色骷髏粉寫在黑色屍衾上的歷史日曆，代替原來用朝霞寫在藍天上的金紅日曆。

歷史必須在黑暗河水中流。

分裂進行著。

搜索進行著。

逮捕進行著。

死亡進行著。

在暗夜裡，各式各樣的暗暗死亡，扮演各式各樣的猙獰面目。

這些最黑最黑的深夜，沒有人能正確估計血的價值，血的數量。黑暗已扼死血的顏色，絞死血的聲音。漆黑一片中，血只有無聲的流，又無聲的滅亡。

這些「日子」裡，沒有「日子」，只有夜。半個中國已成爲整半年沒有太陽與光亮的斯堪的那維亞半島，人們已不再相信太陽還有力量從海底昇起來。這些「日子」裡，太陽即使上昇，一定也是黑暗的、可怕的。它一定只是醜陋的死沉沉的球體，把超過北極的冰寒與超過地獄的黑暗噴散出來，給予人以惡毒的嘲罵與侮辱。

這些日子裡，人們走在太陽下面，一定也瘋狂的大聲喊：「世界上最冷最黑暗的存在，就是太陽了：」

這些日子裡，人們盲昧的掙扎著，懷著最大驚訝，眼看自己變成一隻屠牛，被推送到屠鎚下面，等待那致命一擊。沒有人能了解自己的命運。昨天，他們還被屠手們當兄弟般擁抱。僅僅一夜，就這樣鮮明的分出歷史的昨天和今天。

歷史——這時也投降了。

這是歷史常發生的蠢事和殘忍：它歡喜扮演兩面人的角色。當它才用美麗面孔迷人時，突然又換另一付猙獰嘴臉。歷史也像人一樣，它有時走正路，有時也會墮落犯罪。一千九百二十七年，是歷史墮落犯罪的年齡。那隻黑色的罪手，早就準備舉起來的。

站在罪人後面的，另外還有一個人。站在錯誤歷史後面的，另外還有一部歷史。只有後者才是眞正主流，人類的道路。歷史可以爲野心家所出賣，卻絕不會永久做他的妓女。革命可以爲綁匪所出賣，但眞理是無可出賣的！正義是無可出賣的！

……………………………………

野地裡一汪鮮血，荒土間一堆白骨，黑暗地層底一排發臭的死屍，午夜一陣鎗聲，牆壁上一片「救國救民」的標語，講臺上一場「救國救民」的演說，暗暗角隅裡一串無聲的嗓泣，秋風冷雨黃昏哲學家一聲諷刺的苦笑，……，——這一切就叫「革命」！……叫做「革命」！……叫做「革命」！

屠殺瘟疫樣四處傳染。一座城市傳染一座城市。一個都會傳染一個都會。在這個大毀滅王朝，血是唯一暴君：它要求專政，要求黑暗，要求恐怖。在它的紅色毒眼注視下，沒有人不發抖、不瘋狂。……歷史要求和平，血要求瘋狂；歷史要求存在，血要求死亡。這個野蠻國度，終於也有一個舞臺機會能扮演它本然的猙獰角色；五千年來的文化裝金，掩不住它醜陋的心肝五臟。造化畢竟是愛人類的，它從不忘記幫助人類後代記憶祖先的嗜好，且無保留的接受這一寶貴遺產。

一些暗慘山坡下，一些陰黷森林中，七八個五花大綁的青年出現了，一班士兵荷鎗押解。這些被押解者才站定，七八支刺刀突然明晃晃跳出來，撲到他們身上，貫入那些形式很厚其實卻很脆弱的胸膛。幾個人倒下去了，身子還像田雞樣在地上不斷抽搐。刺刀跟蹤蠕動的身子，繼續撲下來。紅血從一些窟窿湧出來。身子終於不再抽動了。其中，有一雙眼睛半睜著，慘厲的凝視那些作刺刀遊戲者，似乎想在生命最後剎那尋出這一遊戲的動機與最大遠景。但它們找不到。一柄刺刀突然撲下來，猛烈的衝了兩次。——這雙眼睛終於在迷茫中閉上了，永久閉上了。這些血淋淋的身子，終於安靜的躺下了，永恆躺下了。幾千年前，他們的許多祖先，年輕而勇敢的祖先，曾這樣血淋淋的躺下過。幾是月前，他們的許多朋友。也在北洋軍閥後方血淋淋的躺下過。但這些祖先和朋友，在最後一剎那，眼色應該是明確的。——他們這一次躺下，卻是人類史上最含糊而迷茫的一次。

一些秘密空場裡，一些秘密黃昏中，幾十個囚徒出現了。他們站在一個深淵式的大坑面前。他們當中讀過歷史的人，抖顫的聯想起古代戰爭坑死四十萬降卒的那一幕。但他們並不是降卒，只是一些羔羊樣純潔的青年，一些想把光明傳給人間的生命。他們嘴裡都塞著棉花，被趕到坑邊、一個尖銳哨聲響起來，第一個人被推下去了，接著是第二個、第三個、第四個，……。當最後一個人被推下去時，一大片一大片泥土開始填下去，夾著些石塊。在坑底的人既不能動，也不能響，只有幾十雙絕望的眼睛瞪視坑頂，好像從地球腹部凝望人間，但「人間」卻繼續把泥土石塊投下來，所有眼睛終於被淹沒了，所有身子也被填塞了。泥土石塊仍不斷往下投，地面上的人，做這些工作，像沙龍小姐們吃朱古律糖一樣輕鬆。泥土越填越高，終於填滿了。那幾十條生命大約暫時還在泥土底下呼吸、掙扎，然而再傳不出任何一點聲音。地平面上完好如初，一切平坦而安靜。這個大地上既然沒有出現過坑，也沒有呈現過血，既沒有死亡，也沒有悲哀、沒有眼淚、沒有嘆息，一切簡單而安靜。——明天早晨，當一輪太陽從東方昇起時，這些佩青天白日袖章的武士們，照舊會迎著清新晨風，笑著在這片平坦曠場上溜馬。

深夜，一些人被推出來，推到黑暗中。被推者照例是被綁者。他們不知道自己被推到什麼地方，也不知自己是在什麼星球上，（這個星球大約總不是地球，他們想，）他們只知被帶到一片空曠裡，四周靜而和平。「黑暗」加上「空曠」，再加上「和平」，正是山蠍子們舞蹈的理想氛圍，也是死神狂舞的最好舞臺。他們站在黑暗中，憤怒而抖顫。這些日子裡，他們曾被打，被上夾棍，被各種毒刑拷問。現在，他們站在最後一個審判官面前。他是一挺輕機關鎗，昂立著。突然，一片電炬在黑暗中炯亮。審判官讀最後判決書：『卡，卡，卡，卡，卡，卡，……』人們倒下去了。憤怒而抖顫的倒下去了。

在同樣黑夜，在同樣的「卡卡」聲中，在一排倒下去的身子中——有一個身子是我們熟人：姜祥瑞。

在同樣黑夜，在兩個不同的場所，舒建城與鄭天遐被一群便衣持鎗人帶走了。

在黑夜裡，鎗聲響著。……

在黑夜裡，人們被大批逮捕。……

在黑夜裡……。

在黑夜裡……。

在黑夜裡……。

在黑夜裡……。

二

海上。

一切和平而蔚藍。

藍色海水彩畫似的開展，畫軸隱入天際，白色毛卷層雲的波浪裡。天空灩藍，影綽綽的，疏掛縞狀雲的乳色薄幕。藍色天氈下，海水輕舐淡棕色海岸，空闊中嗚起神秘和音，藍色的和音。在長期海蝕輪迴中塑成的海岸，微微隆凸淺棕色胴體，它的每一個細胞，現在都滲透陽光的金液。一些斑駁的古銅色海螺獅，摺扇形的褐色大蚌殼，及一些被巨浪打上來的五臂海盤車，星花似的紫黑色海盤車，古典意味的裝飾這片淡棕色胴體。胴體的另一部分，點綴綺紋玲瓏的五彩貝殼，絢爛的海藻，以及海藻中的半透明的樹架形的水熄群體，它們爍爍發光。砂石於陽光烱金。一股股熱氣鬆軟的蒸騰起來。海濱的裂岩中，針狀栗球似的海膽，默默發射紫光。白色鷗鳥在藍穹飛。彩色蝴蝶魚在海裡游。一切和平而蔚藍。

印蒂躺在海灘上，整個崩潰了似地。他痴痴瞪望藍色海水，眼淚一顆顆滴下來，靜靜墜落沙灘上，散落在陽光中。他似乎聽見它們的流動聲和滴落聲。但他並不伸手阻止，雖然也不特別鼓勵。它們只是本能的表現，彷彿證實一條固定法則，一種不變的原理。他躺著，眩暈的看海。它對他似是一片古怪的存在，他彷彿不相信人間還有這樣寬廣的東西：這樣無比的和諧，無限的幽美。瞅著瞅著，一種強烈反感從他脊椎神經中樞透發出來。一個粗壯的聲音在他心裡底喊：「不，這簡直是惡毒的諷刺。在目前這樣的時代，在目前這樣的精神背景下，海對人簡直是一種刻毒的嘲諷。」在當前現實下，不，自有人類現實以來，海就不該是一個可能存在。在黑暗的歷史長線下，海不可能是它的平行線。這兩條線的平行並存，就是一種殘酷的鬥爭。或者海眞實，或者歷史眞實。這兩種眞實中，只可能有一種眞實。

他憒憒眄視海，好幾次想抽身離去，終於無可奈何的躺著。因爲，他此刻必須讓眼淚靜靜流，叫情緒幽幽流，只有在海邊，它們才能流得這樣靜。這樣無拘無束，不受任何攪擾。此外，不管對海怎樣發生突然反感，他原先那股奇特的慾望依然主宰他。這就是：他渴念海！海！海！有生以來，他從未像現在這樣慾望它。它雖仍是一種不可知的神秘存在，它不了解他，他也不明白它，但在目前場合，了解毫不足重輕。他只要能看見一片廣大無邊的流動體，就夠了。他唯一的渴望是：廣大，無涯無涘。在這無涯無涘的廣大裡，一切都被吞沒了。

……生命的調子慢慢降下來，繼續往下沉。不知是從他心底，還是從地底層，一根沉重的弦子憂鬱的低低響，把一片哀愁廣播到天穹與海面。遠遠的，海浪中似有哭泣聲，千千萬萬人的眼淚，混雜於海波，悄悄向岸濱捲來，在灘邊緩緩低迴、徘徊。……一切沉悶而眩暈。

爲什麼這樣呢？一切爲什麼這樣呢？爲什麼左手要砍右手、右手要劈左手呢？爲什麼左眼要怨視右眼、右眼要惡盯左眼呢？爲什麼拿欺騙當寶劍，又拿寶劍當經典呢？爲什麼當眞理像太陽般發亮時，人們還作鴟鴞嘶嗚呢？爲什麼那樣乾淨的刀子，非得穿進那樣乾淨的年輕肉體裡呢？爲什麼那樣燦麗的血，流在那樣暗淡的溝渠呢？爲什麼先前那樣巍峨的建築，今天倒在那樣航髒的糞坑裡呢？爲什麼中國非滅亡不可呢？爲什麼廣大的中國人民，注定了要做奴隸呢？爲什麼呢？爲什麼呢？……

一串串「？」像黃昏泉水，淒哀的流出來，他不能答，也沒有另外人爲他解答。對這次慘厲的清黨，他無法冷靜分析。一天天的，他只看見一批批青年倒下去，一座座屍體堆高起來，一片片血流出來。深夜，一些鎗聲響著，一些刀劍亮著，血淹著死者，也淹著生者。……無論用理智、用感情，他所能獲得的，只是這些，此外，他再不能獲得什麼。

也許，從這次大恐怖中，他收穫一樣東西：暗影。

他記得，一年多前，他和林鬱辯論，堅決駁斥對方道：「在風暴中，任何孤獨浮雲，不容許存在。」又道：「理想不可能有陰影、有浮雲，千千萬萬人的血，千千萬萬人的淚，這是比太陽還明白的事。在這裡，不容許任何一片陰暗的浮雲存在。」現在，對於一年多以前這些話，他開始感到：它們其實並不是什麼鋼鐵建築，也只是一些平常磚瓦砌成品，遠從砌造時，或多或少、就已包含若干坍塌的因素了。六七年來，在理想和信仰的殿堂內，此刻他第一次意識到暗影。他一向總以爲：這裡只該金碧輝煌，耀如白晝。由於這點暗影，他第一次獵得一種模糊的啓示，同時又含糊的想起父親過去的那些話。這些話，平常他盡可能扔往黑暗椅角，此時，在黑暗中，它們卻微微閃著光。

他瞭望海。靠海邊的尖削磯砰上，一些近水的低落岩礁的「波蝕臺地」上，他看見幾朵美麗的紅色圓花與青色圓花。在日光鍍飾下，它們非常艷緻，他辨識出是海葵。當海水上昇時，它們就沉入水中，一些小魚從身邊游過，一碰到花葉，它們登時關閉，魚也就立刻成爲糧食。這是一種專吃小魚的海花，瑰麗花葉都是一些有刺的觸管。可是，從這片美麗形體上，誰能想到竟是一些陰險的血腥動物呢？一根思想的絲由海花聯織到革命和理想上。一個神秘聲音在他心田響：「難道革命理想他只是一種海花？它開放著火熾的璀燦的彩色的花，其實只爲了吞食一些無辜青年，像海葵吞食小魚？……」他不敢再想下去。這一思想太可怕了。

另外一個聲音反抗上面的思想：

『不，即使革命和理想只是一種海花，會把我咬得粉碎，我也願意。』

第三個聲音旋即也響了：

「是的，我也願意。……問題只是：我應該爲這種「呈獻」找一點更堅強的解釋。」是的，一點更堅固的解釋。由於這一次大血難，過去那些解釋都變得脆弱了。他應該找一份更有力的註釋，對理想的侍奉，不能再是一種純粹盲目了。

然而，他現在能做什麼呢？

這次清黨，他被視爲國民黨左派，也有人一口咬定，他早已正式加入共產黨。他的名字被列入黑名單。此次因公赴廣州，剛抵達不久，事件就發生了。他差點被捕。感謝一個內幕朋友關顧，他才能逃到這座海邊山城。雖然它與廣州市只隔一衣帶水，但水那邊就是恐怖與殺戮，水這邊卻是太平與樂園。在這次大屠殺中，朋友們死的死，逃的逃，彷徨的彷徨，戰鬥的戰鬥，呈現一幅混亂圖景。林鬱出國了。韓慕韓與莊隱走東北了。姜祥瑞被鎗斃了。曹憲民寂寞的病死於古城。舒建城囚繫了。黃幼華、范惟實、賈強山和項若虛，都先後正式轉向了陣營。連夏作楨、施家彥都正式入黨了。任何人都有路向了，獨他是孤鬼遊魂，彳亍彷徨。他分明看見那橫陳自己面前的影綽綽的路，但由於一種淡淡暗影，他把剛舉起來的腳，又收回到原來出發點。

生命在哪裡呢？路在哪裡呢？

——海亮閃著。

生命在哪裡呢？路在哪裡呢？

——海呢喃著。

生命在哪裡呢？路在哪裡呢？

——海流動著。

生命在哪裡呢？路在哪裡呢？

……………………

三

生命在哪裡呢？

路在哪裡呢？

這個問題盤旋不久，終於尋到初步答覆。這答覆並不是他自己的，而是別人拿給他的。

一個傍晚，左獅來看他。

說不出爲什麼，每逢站在左獅身邊，他總感到一種壓抑，好像是站在一個非洲巫覡的旁邊。

左獅給他的一貫印象，也有點類似非洲或北美洲印第安人中的巫覡。他瘦長的身子，像一座嶙峋的峭巖，身上那些尖銳的骨骼，彷彿穿透衣服，戳刺別人。他的短髮，常像雞窠般紊亂。他那黑黝黝帶銅色的臉，陰暗的發散怨毒黑氣，很少露過笑容，宛如一條黝黑深壑，從未開過一朵明亮的花。他的兩頰從沒有圓或橢圓過，一直是尖尖的，好像總要傷害人。他的憤切的犀利的眼睛，也從未和平過，溫柔過，永遠蘊蓄一種深沉的恨，說不完寫不完的恨。

在這樣一座仇恨的化身面前，印蒂常有一種矛盾感覺。他又尊敬他，又有點不樂意他。在所有朋友中，他比誰都勇敢堅決。當任何人還沒有仔細思辨時，他早勇敢的跳入那激烈河流裡。早於一年多前，他已走在大家前面，正式宣佈自己是布爾希維克。清黨以後：經他說服，紛紛轉向的，就有好幾個人。他對印蒂，比任何朋友還粗暴、直率。他從不向印蒂含含糊糊說一個字。他胸中所藏的，總像賭徒孤注一擲，全部攤在桌面。印蒂敬重他這份直率，但也正因爲太直率了，他又不由感到一種壓抑。

今晚，左獅出現後，和印蒂談不到幾句，便開門見山，單刀直入，匆促的道：

「我在這裡，只有四天時間了，我今天特別來找你，只問你一句話：你究竟打算怎麼辦？」

印蒂躊躇一下，遲疑的道：

「這個問題，我馬上還不能回答你。」

「爲什麼？」

「因爲我還在考慮。」

「怎麼，上次我和你見面，離現在已經五天了，你難道還沒有考慮好嗎？」

左獅有點急切的道：

印蒂沉著的道：

「一個人的信仰方向，關係一個人的畢生大事，在四五天內，不一定就能考慮出結論。——四五天太短了。」

左獅憤憤的諷刺道：

「是的，對於一個悠閑的小布爾喬亞，四五天是太短了。但對於那些啃草根樹皮的災民，對於那些每秒鐘在饑餓裡打滾的人，四五天足夠殺死幾千人了。」停了停，激越的道：「好，我現在不和你抬槓，我只要你馬上答覆我：你究竟打算怎麼辦？四五天後，我就到上海去。你現在決定了，我們就一道走。船票和一切手續，我給你辦，你不用操心。」

印蒂低頭想了想，輕輕道：

『究竟也還有四天，你何必這麼急，立刻逼我答覆？』

左獅昂奮起來，抬高聲音，憤然道：

「我不是急，我只是恨：恨你從前是那樣一個爽快堅決的革命者，這一會卻變得道樣優柔寡斷。是不是最近各地的血把你嚇倒了？把你嚇得猶豫不決了？」

印蒂抬起頭，望著窗外的陰暗天空，慢慢道：

「不是駭倒。而是——現在，這些血所構成的許多畫面，不再像過去那樣對我鮮明強烈，說不出的，我多少感到一點矇矓，迷惑。」

左獅的聲音立刻宏亮起來，他大聲譴詈道：

「你不是矇矓，是糊塗。你不是糊塗，是害怕。你怕血，你給血嚇昏了。這一次清黨大屠殺，把你駭昏了。你被清黨的高壓政策壓倒了。」

印蒂用手支頤，苦笑道：

「你罵吧！我願意聽妳罵下去。這些日子來。我早就等一個人罵我了。」

左獅響亮的道：

「我自然要罵下去。你是我的朋友，我有愛你的義務，更有罵你的義務，特別正當你陷入一種錯誤時。」停了停，他又回到先前話題，佈道似地，滔滔不絕流下去：「一個小資產階級智識分子也愛血，他也會把腳伸到血河裡，認爲這也是一種新鮮。但當血眞淹到他的胸膛時，牠的眼睛發花了，他的身子發抖了。……其實，他從來就沒有眞正見過血，他所看見的，一直只是血的美麗幻影，血的神秘彩色。當血眞正淹到他的喉嚨管時，當他眞呼吸到血的腥氣時，當他眞嚐到血的苦味時，當他眞看到血的怕人的紅色是一種堅定體而不是浮幻體時，他顫慄了。

「可是，我要大聲告訴你：害怕也沒有用，逃避更是夢想，你即使逃到崑崙山頂，逃到波斯巖洞內，逃到撒哈拉沙漠上，逃到印度森林裡，血也會追到你，淹到你！

「這只是一種觀念的錯誤。……其實，當一個小資產階級出生的第一天，他的一雙腳就已經泡在勞苦大眾的血海裡了。他怕血，他想從血裡面拔出腳，爬到資產階級的高臺土，像那些高臺上的人一樣，全身從頭到腳，洗刷得又光又亮，又淨又白。然而不行，目前這個時代歷史的聲音，不許你往乾淨的高臺上爬，只許你往污染的工海裡滾。即使你一雙手已攀在那高臺上的大紅欄杆了，也有一條粗糙手臂抱住你懸空的腳，終於把你摔到血海裡，只是栽得更重，染得更紅。

「放心吧！在一座四面泛濫著滾滾血海的高臺上：那些明媚的歌聲和酒杯聲，不會響得太久的。那些嶄光筆挺的燕尾服，遲早總要被剝掉。那些華麗的蝴蝶結，遲早總要給扯碎。那些光亮白潔的襯衫，遲早全要染得血紅。血海的狂濤，遲早總要衝倒這高臺，淹死那些漂亮人物，那些高貴角色。

「就在這種時候，你難道倦於做一個血海泅泳者，倒想爬上那座高臺，戴著白手套，喝一杯香檳酒？……」

印蒂轉左獅語聲汩汩淌著，一字不捕。對這一陣陣汩汩聲，他毫不遺漏的吸收著。它們雖從另一個人胸膛裡流出來，對他並不陌生。其實它們早已在他心泉裡浤浤響過，卻並不怎樣感動他。現在，它們從另一人嘴唇上流出來，倒變得非常有力了。他心中的冰凍部分開始敲破了。

印蒂抬起頭，沉悶的道：

「妳的分析都很對。結論卻不怎麼正確。身前身後的血已夠折磨我、消耗我了，哪裡還有什麼力氣爬上高臺？更哪有什麼興緻去喝一杯香檳酒？」

左獅沉思一下，仍很激昂的道：

「那麼，你並不是害怕血。你是怕痛苦。因爲血是痛苦的深刻符號。」

「也許如此。……是的，痛苦！」印蒂喃喃著。

左獅彷彿黃河發現缺口，一場新的泛濫衝勢又開始了。他握緊拳頭，激昂的大聲道：

「是的，痛苦！痛苦——然而，這是生命最高貴的顏色。這是生命最高貴的表現體。幾千年來，先知和創造者們的產品，一直就帶痛苦味，因爲，他們創造時的情緒和心理背景，不容許不染上痛苦色彩：生命最崇高的色彩。跟蹤先知與創造者們的後代人，因此也就不能不滲透痛苦味。痛苦是一串串悲壯的梯子，只有藉它，我們才能爬上生命最高峰。只有從痛苦的黑暗深淵底，才能昇起強烈的歡樂大太陽。沒有受過痛苦最深錘打的生命，不是眞生命、活生命、硬生命。未做過痛苦的虔誠門徒的革命者，就不是虔誠的革命者。只有在痛苦的毒液熬鍊中，靈魂才由鬆散的泥土凝成不朽的花崗岩。整個一部人類史就是痛苦史。正因爲有痛苦，這才有今天花園、今天草地、今天的夢與笑。在地球上，人類伸入雲天的最高符號，不是紐約摩天大廈，不是非洲森林，不是喜馬拉雅山峰，而是十字架。這是全人類向蒼天呼喊：『我們在痛苦！』同樣，這也是全人類向大自然挑戰：『我們痛苦，但在大痛苦中，我們有大歡喜！』當痛苦成爲人類最末一個地獄時，地獄盡頭處，就會昇起美麗的蓮馨花，及綺麗的歌聲。既然痛苦只是蓮馨花與歌聲的另一喬裝，既然痛苦只是歡樂的另一副臉孔、另一襲衣服，我們爲什麼不像擁抱歡樂一樣，擁抱痛苦？歡樂固然能叫我們沉醉，但痛苦更能叫我們沉醉，並且，這一沉醉更深沉，無比的深沉。」

印帶聽完了，說不出的感動，緊抓住左獅的手，沉重的道：

「好朋友！你說得實在好！我謝謝你。」

停了停，他沉思片刻，堅決的道：

「妳的問題，後天晚上，我一定給你答覆。看樣子，十有七八成要跟你走。只有二三成的枝節，我得再想一下。」

左獅經過一番激動，也稍稍平靜下來。他冷靜的道：

「我知道，你從來是勇敢的鬥士。妳不會被一點刀劍駭倒的。我相信你，你能給我們的運動帶來新的火力。後天晚上，你一準正式答覆我？」

「一準！」

談到這裡，左獅想起一件事：

「明天晚上，我那裡有個談話會，希望你也能參加。都是你認識的朋友，有鄭天遐他們。」

「可以。」

四

『行動是思想的唯一見證者，至少，社會思想與人生哲學是如此。不管一個人的思想怎樣高明，假如沒有行動印證，它只是架空的。言語文字和思想是實踐的一半，行爲是實踐的另一半。沒有行爲的思想，只能算半個眞理。行爲比思想更能有力的刻劃一個人，代表一個人。生命本身就是一連串的動，一連串的行爲。在以人爲本的社會裡，行動更是一切的準繩。最成熟的大智慧不僅包括思想，更包括實踐思想的行動意志與毅力。從思想到行動，這才是個全人。自然，思想本身也是一種行動，卻是較浮面的行動。神經所構成的行動，總沒有手足和胸膛所構成的深沉有力。在這種情形下，這一次被清黨大屠殺所震駭，因而由人海躱到小樓上，從用手足表現思想而隱遁到純粹神經的思想中，從血河岸回到孤獨的幻想幽靈身邊——這只是從眞理火線上撤退，是由健全人貶降爲半身不遂的病人，也可以說是一種自我殘忍。——』

翌晚，印蒂去左獅那裡，參加談話會時，他們的正式討論似已結束，大家只聚在一起閑談。這時，鄭天遐用大學教授的演講口吻，向大家發牢騷。此次清黨，他被逮捕，吃了莫大苦頭，幸虧有人營救，才釋放出來。因此，他感觸特多。一有機會，他總不放過攻擊敗北主義者及唯理論主義者。

鄭天遐見印蒂進來，講不幾句，就停止了。他抬起那雙近視眼，厚重的微笑道：

「印蒂，你怎麼也來了？」

印蒂笑著道：

「難道我不能來麼？」

鄭天遐寬闊的黑臉上，泛起一點赧紅，他搭訕著笑道：

「聽說這年頭你對海很感興趣。天天到海邊去研究海。研究的結論怎麼？能給我們做點報告麼？」

他說到這裡，大家都笑起來。

印蒂不忙著覆鄭，卻望了望在場人物，其中有黃幻華、范惟實、項若虛、和賈強山。主人左獅卻坐在桌邊寫信。印蒂進來時，左獅只抬頭用眼睛和他招呼一下，並不站起來。

印蒂不開口，走到桌子邊，默默拿起茶壺，倒了一杯茶，默默喝下去。他在大街跑了半天，非常渴。喝罷茶，才慢慢抬起頭，問道：

「天遐，你怎麼知道我天天研究海？」

鄭答道：

「我是聽項若虛說的。」

印蒂轉頭望著項，還沒有開口，項就機警的道：

「那天街上碰見你，妳不是說到海邊去嗎？」

印蒂一向討厭項，聽完他的話，只瞪了他一眼，不再說什麼，卻泛泛的對鄭道：

「有時，我也到海邊走走，因爲覺得非常無聊。」接著，他用一種比較興奮和肯定的口吻道：「天遐，我倒願意你繼續講剛才未說完的意見。」

鄭天遐道：

「我剛才並沒有什麼了不起的意見。因爲幻華對於一些思而不行的人表示寬恕，我這才說明自己意見。這一次清黨大屠殺以後，許多人忽然謙虛起來，發覺自己的理論認識不夠，因而暫時退出戰鬥陣營，要專門從事思想研究了。我認爲這是鑽牛角尖。我自己就是過來人。對於這一點，我自信可以提出一點比較正面的意見。」

略爲沉思一下，鄭天遐把話題岔開，關懷的道：

「印蒂，你這怎麼又無聊起來了。你應該克服自已的失敗思想才行。在鬥爭中，一個人只許想成功，不許想失敗的。」

印蒂尚未回答，坐在項若虛旁邊的賈強山冷笑道：

「哼！無聊！無聊！完全是小布爾喬亞的作風。一個小布爾喬亞碰到一點雨，就要把自己裹到「無聊」的雨衣裡的。」

印蒂也冷冷道：

「一個人沒有愉快的自由，難道也沒有無聊的自由麼？」

范惟實贊同道：

「我同意印蒂的意見，一個人有處理自己情緒的自由的。」

項若虛冷笑道：

「這是一個笑話。貴州不產魚，一般人民吃不到魚，就在牆壁上畫一條大鯉魚，每餐飯對它望一眼，嚥一口飯。有一次，一對小兄弟吃飯時，打起來了，弟弟吵鬧著說：『哥哥多望了魚一眼！』在資本主義制度下的自由，也正是這種貴州畫魚，看看好玩是可以的，卻不能塡肚子。」

范惟實反駁道：

「話不能這麼說。資本主義制度下的自由雖然很假，但多少也還有點自由，至少個人如你我之類的自由。」

於是，他和項若虛激烈爭辯起來，好不容易才被鄭天遐分解開。鄭又回到原來話題，一半用老大哥態度，一半用大學教授的口吻，勸誡印蒂道：

「不管怎麼說，任何灰色感情：如悲觀、傷感、無聊之類，都是閑暇奢侈品。在大饑饉中，人緊張的與饑饉相鬥，每天像朽樹樣倒下去，做父母的餓得頭昏眼花，易子而食，也流不出一滴眼淚。一切灰色表現都是感情奢侈品，也是閑暇的裝飾品。在眞正的血肉鬥爭中，這種奢侈品並無立足餘地。」

憩了一下，他繼續說道：

「革命就是一片鮮血淋漓。但革命本身本不要求鮮血淋漓。只爲了從人間永久抹掉鮮血淋漓，它才與鮮血淋漓相搏鬥。旣搏鬥，它就不能不污染得鮮血淋漓了。假如一種革命可以不是鮮血淋淋的，它本身也就沒有存在必要，更沒有存在可能。——沒有火，救火員不會殺氣騰騰，全身盔甲的。」

印蒂一面聽，一面把眼睛轉向牕外，凝望遠處燈火。隔了一會，他有意要把話題岔開，故意問鄭天遐道：

『家彥和作楨近來怎樣？』

鄭興奮的道：

「哦，這兩個孩子，工作很努力。他們都在上海。困難鍛鍊了他們。這兩個月來，他們是意想不到的進步。……」

印蒂不再開口，只是「哦，哦，」哼著，似乎有點心不在焉。他覺得非常悶。他來這裡，原想求一點安慰，結果卻激起更深的騷亂。過去，對於同志們的堅強如鋼的事業態度，一直起深沉共鳴，現在，他卻說不出的有點厭煩。他此刻心情所需要的，似乎並不是一塊塊片麻岩，而是一種羽毛體。換言之，他忍受不了任何硬東西，只渴望一點柔軟。他的心原已夠癱瘓了，再經不起又冷又硬的敲打和磋磨了。

他正想離開，這時，一直沉默的黃幻華，卻問他道：

「你最近有林鬱和莊隱的消息麼？他們近來怎樣？」

這個問題似乎給印蒂一點力量。他終於找到一點發洩的機會，他放下快要抬起來的臀部，微微報復的道：

「他們近來很好。林鬱已到巴黎，成天在盧佛爾宮畫廊消磨，他準備進巴黎大學念市政。莊隱已就任中東路扎蘭屯站站長，是中東路第一個中國站長。他經常到隔站哈拉蘇雅魯河去釣魚，據他來信：那河裡的細鱗魚肥極了，也美極了！……」

「林鬱沒有提到別的嗎？」

印蒂想了想，終於帶點苦味的滿足道：

「林鬱來信，說他到巴黎後，最叫他感動的，是盧佛爾畫廊的那張莎樂美像：一張充滿恐怖與美麗的像。他說，有生以來，從沒有見過比它更好的畫，也從沒有一種存在像它給他那樣深的啓示。他常常整半天站在那畫像面前，在它旁邊徘徊，望著莎樂美和那血淋淋的先知約翰的頭。他說，這事很值得告訴老朋友。」

黃幻華微微笑了，帶點迷惑的神氣道：

「啊，林鬱！這個美麗的詩人！他現在是在巴黎的夢的懷裡了。莊隱！這個瀟洒的哲人，也垂釣雅魯河之濱了。祝他們快樂吧！——讓痛苦留給我們吧！」

賈強山憤憤道：

「什麼美麗，瀟洒，只是儒怯與卑賤而已！」

項若虛也附和道：

「這些逃避現實的布爾喬亞，簡直是我們陣營裡的逃兵！倒底是布爾喬亞出身，他們對另一階級的同情，他們的參加革命，也像做詩釣魚一樣，純粹懷著附庸風雅的心情。」

印蒂正想站起來，范惟實的聲音又留住他。范對他們兩人表示異議：

「爲什麼不能用做詩釣魚的態度來從事革命呢？假如革命能給人快樂，像做詩釣魚一樣，人們爲什麼不能拿它們等量齊觀呢？難道革命注定是一根難以下嚥的高梁棒子麼？……這一點，我也反對幻華，我認爲，他們在巴黎和雅魯河能得到快樂，我們在戰鬥裡也同樣能得到快樂。革命絕不是痛苦的。——這裡面有一種大沉醉，最最崇高的。」

賈強山立刻攻擊范惟實：

「照你這樣說，有一天，假如你對革命厭倦了，像厭倦釣魚一樣，那麼，你就可以拋掉革命這根魚竿子囉？」

「假如眞厭倦，當然扔掉這竿子。但我相信不會厭倦革命的。」范惟實倔強的反駁。

項若虛冷笑道：

「這又是范先生的妙論。這種妙論，我們可以同意，只怕舒建城姜祥瑞他們不能同意。黃鶴樓下那些死屍也不能同意。」

印蒂站起來，戴上帽子。

左獅也站起來，忙丟下筆，抱歉道：

『對不起，我有兩封要緊的信，必須馬上覆。……就寫好了。你再坐一下，聽聽他們的辯論。』

印蒂堅決的道：

『不，我走了，你不必招待我。明天晚上，我再來看你，答覆你前天的問題。』

五

從左獅那裡回來後，印蒂全夜失眠。不管他怎樣努力，總睡不安。他在想明天。——明天，他得決定一切，上昇或沉落。他毫不含糊的明白，繼續過去的生命道路，跟左獅他們走，這是「上昇」；單獨留下來，只有沉落。他對六七年來的生命道路的熱愛，並未改變。他對這一「上昇」，也依舊懷抱強烈的信仰。使他微微猶豫的，就是那一點渺小然而執拗的暗影的浮幌，就是那一點點，……。雖然只那一點點，但由於它的執拗，卻也能透過他信仰的簾幕，直穿入他心靈內室。他明知這點浮幌不久就要消滅，明知這只是自己黑暗思想的最後一次放縱，更明知這放縱祇是一種無意義的虛幻，但他卻毫不約束。他現在的矛盾心情，有點像一個又嚴又慈的父親，當孩子吵鬧著要糖菓時，潛意識裡，明知最後總會答應，卻又不得不自欺的先拒絕一番，彷彿「拒絕」只是「給予」前的必要手續。通過「拒絕」的城門，「給予」的大路才顯出來。不同是，站在印蒂面前的，並不是孩子，而是眞理。眞理所要的，並不是糖菓，而是他的血。眞理並不向他吵鬧，卻是正顏厲色的命令他：「你必須給予！」

生命眞是一條複雜的流，它常常這樣嚴厲，卻又往往不普遍它的嚴厲。它在這裡給你又重又紅的雷火，在那裡卻佈置又灰又空的蛛網。往往的，蛛網緊跟著雷火出現。一陣雷火，一片蛛網。一片蛛網，一陣雷火。雷火與蛛網，蛛網與雷火，你不知道應該撲抓那雷火，還是讓自己躺在蛛網的灰色與空虛裡。……沒有誠意的生命。玩弄人的生命。叫人哭又叫人笑的生命。叫人活又叫人死的生命。殺人又救人的生命。創造信仰又創造虛僞的生命。自欺自騙的生命。永遠過舞台生活的生命。醜惡的生命！明艷的生命！

……………

印蒂從床上爬起來了。他盥洗一番，就跑到附近街上一個小食店裡用早餐：一碗豆漿，幾塊燒餅。他一面吃，一面望著這破舊小店，不時端相街面擁擠的小攤子，和一些渾身污垢的苦力。這時，一絲苦笑就不由刻劃在嘴角。

「這裡，哪兒有什麼幻想的生命呢？這裡只有陰森森的難看的現實。」

只要他睜開眼，一出自己房子，一走在這山城平民區的小街上，「現實」就屹立面前。

一切幻影，只當他閉上眼時，才能出現。一睜開眼，讓自己情感誠懇的沉在所見的外界形象上時，他的心就不能不凝重了。一種說不出的憎恨佔有他。

走出小店，他忽然想起，好幾天沒有看報了，便跑到一個派報處，買了幾種報。他準備：今天上午不做別的事情，只看報。

這也是他有生以來的怪現象，最近這一個月，他常兩三天不翻報紙。他不是不願翻，是不敢翻。一打開報，他的心情就沉下去，覺得非常窒息，好像有一隻大手扼住他的脖子。

這個世界上，特別是這個國度裡，有時，報紙實是一件可怕的東西。你一打開它，就彷彿打開一隻古怪魔盒，裡面立刻露出各式各樣貨色，然而，都是些非常怕人的。它們會用各式各樣的形相、氣味、顏色，來折磨你，痛苦你，——唯一最聰敏的方法：立刻關上它。

發覺報紙難以忍受，這也是他近一兩個月的感覺。這種感覺高度發展後，他只好常常兩三天不翻報。但今天，他卻懷著特殊興緻，帶了一些報回來。

他終於一一打開魔盒了。

一個個「現實」，動物似的從裡面跳出來，兀立面前，旋即變成一座座巨人。

這所有巨人，爲他綜合描畫出下列許多社會風景畫斷片：

一個參加過北伐的殘廢士兵落魄了，窮得沒有飯吃，應徵赴一個外國醫院賣血。抽完三百CC的血，他面色蒼白，拄著拐杖，瘸著一隻腿，走出醫院。十分鐘後，他的血全數注射入某貴婦血管。這個貴婦，（據說是個姨太太，）因爲經常通宵跳舞，和熬夜叉麻雀，太過度了，患慢性貧血症。

西南邊區一個貧瘠縣份裡，大多數鄉民財產如下：一間草房上漏下濕，一口鐵鍋架在泥灶上，一堆紅薯作長期食糧，一堆稻草是床，一塊破布片遮住下體。（女人胸部則多一塊破布。）東西濱海某大都市的許多「新村」裡，那些高等人物的客廳一角如下：美國楊松的跳舞地板上，舖華麗地氈。絲絨帷幕靜靜低垂窗畔，窗外小花園內盛開各色花朵。陳托錦緞軟墊的美國皮沙發煥然一新。咖啡枱子上，景德磁瓶裡，插一簇簇鮮紅康乃馨花。屋四角裝飾幾盆常青植物。壁上掛幾幅恬靜的東方古書。R・C・A櫃式收音機播唱美麗的歌聲。

在美洲，一個殺人犯被處死刑，監刑人剝掉他的皮膚，縫製自己和朋友的煙草袋及紙煙盒。

在印度，一個佛教徒每逢坐下前，總要睜眼細看椅子，且輕輕把椅子搖了又搖，怕有小蟲子在上面，被誤傷。

西北大旱災裡，一坐吃榆樹葉和觀音土的災民，槓著一柄大鏟子，活埋親生子女，以減輕負擔。

新大陸上，有些肥胖角色把小麥一噸噸倒到海裡，以抬高貨價。

S埠社會新聞欄刊登：一個弟弟殺死哥哥，斬碎屍首，用鹽醃起來，藏入甕中。另外一段「本市訊」記載：全市天主教徒舉行「聖體遊行」，作大彌撒，爲全人類祝福。

美國M省，三十萬鋼鐵工人開始大罷工，要求增加工資。工會負責人堅決宣佈：「不達目的，絕不復工。」工人遊行時高吼：「那些鋼鐵資本家們要餓死我們的兒子和女兒。」……

在江西，第七十一世鬼皇張天師發表談話，龍虎山爲中國道教聖地，各宮殿法壇捉妖瓶中所藏鬼魂極多，前因匪患，各殿焚燬不少，鬼魂被放者不下十幾萬，致有今日全國大亂。本天師軫念衆生苦難，近正籌備盛大法事，擬將逃逸之妖鬼捉回。

號稱「天府」的四川省裡，像屠牛被改裝成罐頭似地，一些瘦得像豬排的老百姓，被改裝成灰衣士兵，在進行內戰。成千成百人每天不斷倒臥血泊中。鎗炮聲中，該省都會重慶范莊內，頸邊閃著金星的「領袖」們，正在「商談」和平條件，一面談，一面抽雪茄，喝普洱茶。據一位漫畫家預測：「和平」就可以獲得了。「領袖」們快要進大菜胃，喝香檳酒握手言歡，並且吃烤牛排了。

T城一個煤礦井陷落了，幾百工人活埋地下。死難家屬爲了撫卹金，包圍礦山，絕食請願。……上海F大學課堂裡，一個經濟學教授搖晃著大腦袋道：「中國工業所以沒有辦法，就因爲中國工人還不夠耐苦。拿人造絲說：中國絲競爭不過日本人造絲，因爲日本工資比中國賤。」

某實業部長又發表演說了：「中國經濟要發達，只有加強生產，生產多了，分配自然沒有問題，——我們要努力生產。生產！生產！」……報屁股上一條軼事：這位部長官邸內，從倒馬桶的老媽子起，都是夏葛冬裘，從每一張大便紙起，都由國庫預算下開支。

關於禁娼問題，一些婦女運動專家們又在熱烈開會，熱烈討論，熱烈議決，熱烈宣言了。署名「某女士」的在一個副刊上發表一篇小品，結論是：「……我自認我還不夠聰敏，假如我再聰敏點，我就做妓女了。」

黃河又決口了，又有幾百幾千人被大水衝去了，一片哭泣聲震徹黑夜。這時，H省那位水利局長正忙著給自己老太爺做壽，紅燭高照，賀客盈門，「五魁」「八馬」聲震徹黑夜。

印度麻搭拉省，一片大饑荒，平均每分鐘死一個人。倫敦，一個印度問題專家發表專論，其中最名貴的兩句是：「由於英國的開化，印度文明提前進步了兩百年。」

一個小縣長大貪污，上任才半年，刮了四十多萬，人民告到省裡，案子還沒有下文，為首的幾個代表卻被抓到牢裡。其餘的人，「以×縣四十萬」人名的名義，向各大報投稿，作「最後的血淚呼籲」。

在朝鮮，統治者又一次大逮捕。日本總督嚴正聲明：「為了三千萬朝鮮人民的福利」，一百多個「叛黨」已明正典刑了。

在河內，兩個法國兵強姦一個安南少女。少女告到法庭，後者不但不受理，並且處以罰款，認為這是「對法蘭西共和國的最大侮辱」。

在柏林，一個大學教授在一個紀念會上怒吼，第一句是：「我們要撕碎凡爾賽條約！」

某著名大報，又對時局大聲疾呼了。堂而皇哉的社論，照例是一幅悲天憫人的嘴臉，字裡行間，照例充滿了「人民……人民……人民……人民……人民」。浮在印蒂腦海裡的另一個鏡頭卻是：執筆寫這篇社論的那隻右手，在另一個場合，卻和「人民」的敵人的那隻右手握得很親密。

一個失業工人跳河自殺了。

一個女伶臉上被歹徒澆了一瓶硝鏹水。

一個綢緞界巨商被綁架了。

一個金融家的兒子被撕票了。

一個倉庫被人放火燒了。

一個少女被情人誘姦後遺棄了。

一個失學失業青年向報館編輯寫了封「萬言血淚書」。

一個華麗的遊園會在舉行。

一個盛大的時裝表演會在進行。

一個裸體女屍被釘在木板上順江面流下去。

一個屢次犯案的巨盜被鎗斃了。

一個初中女學生被誘拐了。

一個公務員失業六月、全家四口服毒了。

一個要倒閉的大錢莊擠兌了。

一個交際花被人謀殺了。

一對青年男女在旅館裡雙雙吞安眠藥殉情死了。

一個拆白黨破案了。

英國殖民地大臣又發表大英帝國對緬甸的「寬大政策」了。

日本外相又演說中日親善了。

美國貨又潮水樣流向中國了。

意大利的黑衫相又高吼「法西斯的光榮」了。

……………………

印蒂憤憤摔開報紙，不願再看下去了。他想靜靜思索一下，找尋這一切錯綜風景的連貫處。才思索兩分鐘，樓下突然衝捲一陣雷吼聲，那個失業落魄的小公務員又喝醉酒，又高聲罵老婆了。他無法再聽下去。他匆匆站起來，戴上帽子，一口氣衝下樓，心緒說不出的惡劣。然而，剛走出門口，逃避了那個酒徒的吵鬧聲，他發現兩個孩子在地上滾著、打著，纏成一團。這是兩個揀垃圾的窮小孩，他們大約爲了一隻空罐頭或香煙盒子，在作「實際鬥爭」。他想跑過去，拉開他們，但腿有點軟。遠遠的，一陣沉悶的騷音捲過來，彷彿是一種永無終止的病人嘆息。

兩個孩子繼續在地上滾著、打著，扭裹成一片。

印蒂望望四周，聽聽四周，一股黑暗潮水突然從他心底湧出來。他不再躊躇，轉過腳步，向左獅住處走去。一個新決心也屹立了，如一座山岳。

第六章

一

當太陽最後一角紅火從天邊熄滅時，紅色的夜開始燃燒。像一位滿身寶石珠玉的古代印度貴婦，這座東方大都市幽幽的、昂昂的，從紅色霓虹潮裡昇起來，華嚴而璀璨。她是一個半截貴婦：腰以上呈托一張高貴的臉，一副豐腴優美的肩，和雕像式的大理石胸膛，裝飾一串串金剛石、珍珠、綠柱玉；腰以下卻是一雙又癩又爛的腿，爬滿瘡疤與惡疔，似古槲樹根，一雙腳在潰爛，密集一層層蒼蠅。但是，她的崇拜者們遍患「高視症」，永遠只見她上半截。在他們的病態視覺裡，她永遠是貴美人。

紅夜強烈燃熾，這個「東方巴黎」的生命火也強烈燔燒。只有在紅夜裡，後者才算眞活。白天，它是半醒半睡。此刻，它卻全醒了。從不同角隅，一千個賣笑女衝入紅夜，獵鷹似的撲翅膀，捕捉男人。兩百家酒店金碧輝煌，吼起震天的酒杯聲與猜拳聲。一百片咖啡館氤氳夢幻樂曲，玻窗面縈迴著紅藍霓虹燈，白色圓座間穿梭少女如雲。街頭人海人山，在舉行人種展覽會、人臉展覽會、銀鰻展覽會。人海中，「將官」們以十四種姿態活躍著❶：「拋大劃」、「闖窰堂」、「拋頂宮」、「落地爬」、「捉烏龜」，……。Paramont的黑人樂隊奏起蕭邦「圓舞曲」，尼格羅的小喇叭是迷人而銷魂的，充滿黑夜流水的情調，霓虹的情調。Lyccum的露西亞舞蹈團，以火紅與檀黑的氛圍，舞著「莎樂美」。「上天殯儀館」花園殯舍，門開不夜，明亮如白晝。大舞台上演「玉蜻蜓」、「白艷冰」、「烏雲吐月」、「紅毛僵屍」，……。聖瑪利亞大教堂裡飄起鐘聲，黑壇上十字架烱金，晚禱聲潔白如雪。瘋人院門口掛著大牌子：「專收神經刺激、精神錯亂」。街頭電線桿上，到處亮著彩色紙：「毒特靈」、「班龍補腎丸」、「梅濁剋星」、「清火退熱丸」、「狗寶胃氣散」、「養血龜脾丸」。

這是一個霓虹編織的夜、瑪瑙的夜、青春的夜，瀰漫瘋狂也滿溢歡樂的夜。

這個肉感的夜裡，唯一稍帶清淨意味的，是靠偏僻的N路底的彌陀寺。它像一尾浴在孤寂中的孔雀，莊嚴而燁煒，華麗而緘默。葫蘆形的彩色磁寶鼎高聳廟頂。鰲龍狀的飛簷角撲入半空，像鳥翼。廟脊浮雕著「瘋僧掃秦」、「成都趕潘」、「湘子戲妻」、「趙公明收虎」、「韓文公走雪」，❶……。坯磚面陽刻著精巧的寶相花。巴瓦周緣綴

❶「將官」是扒手的別名，扒法有十四種之多，「拋大劃」「闖窰堂」等為其中扒法之種類。

飾蛇目紋。一方方襯托石描著忍冬唐草紋，海面礁砷似的，突入夜暗。夜暗裡，有昏黃燈光，依稀照明那些髹漆的斗拱，屋角斜枋，彩色榱題與桁木，圖案式的觚稜、三角形、矩形、和拋物線。廟外，朱紅大門與門內深紅楹柱在黑暗裡閃灼霞光。廟內層，大殿古潭樣沉寂。殿上所有梵唄聲都消逝。那些充滿佛味的樂器：銅鐘、皮鼓、鼓鈴、地鐘、木盂、大磬、小磬都熟睡了。只有濃烈的毗盧香、銀紅的子午香、杏黃的觀音香，還在神帳前的錫香爐中燃燒。琉璃長明燈的幽幽紅燄火中，一渦渦藍色煙紋靜靜裊溢，水蛇似的。在絳紅的絲綢神帳裡，那些偉大的金身佛像：如來佛、毗盧佛、彌陀佛，雖然張著黃金色眼睛，心似乎也睡了。他們很疲倦，終年終月終日，被人們不斷圍攻。那些信徒們跪在他們面前，今天要求這樣，明天要求那樣，儘管滿臉眼淚，實際上卻是高利貸主的作風。

❶「瘋僧掃秦」等都是浮雕像上的故事。

這廟宇整個氣氛與紅夜情調完全不同。

廟內，隱隱約約浮動著神秘騷音，它徵兆一些不安，一些陰錯陽差，與玄秘的緊張。

在廟宇某一角落，似隱藏另一種獨特情調，它不僅異於廟宇風格，也與紅夜氣氛截然相反。

廟外，兩個青年人裝作普通不相關的行人，來回巡視，其中一個矮矮的瘦子是夏作楨，他穿一件藍布長衫，從容中顯出點緊張。

大殿後面，通內禪房的一條甬道上，一個穿灰色綢長衫的年輕人，五短身材，也在巡迴走著，不時由大殿踱到甬道，又由甬道踅回大殿。他是施家彥。

那間內禪房，兩個月前，暫租給某富商，一個篤信佛門的居士，供他養痾。他不僅茹素，好佛，更好客，幾乎每天總有朋友來訪，常常談到深更半夜。今天，據說是小生日，晚飯後，他特別舉行一個簡單茶會，招待十幾個至好，顯得頗熱鬧。這座禪房，與外間隔斷，裡面人語聲，在大殿上聽來，極其模糊。幾位寺僧，晚飯時和主人應酬一陣，早已各回外禪房去休息了。

禪房內，茶會仍在進行，但茶點吃得很少。十幾個人圍著一張長檯子，臉色嚴肅，毫無談笑風生氣象。室內氛圍，根本就沒有茶會的輕鬆，一片沉重的陰雲籠罩一切。看各人神情，剛才熱烈爭論已久，正繼續激辯下去。這彷彿是一陣陣大流沙的飛旋疾轉，每個人的靈魂都顯得粗獷。這也是年輕人特點，每人都希望別人全盤接受自己意見。這個集會似乎並不是集會，而是一種精神搏鬥，心靈競技，比飛機大炮還兇的激辯，聲聲卻是輕輕的。

茶會主人，廟裡方丈最看重的那個居士，（前者是通過另一個著名居士認識後者的，）鄭天遐，坐在角落上，手裡摩弄一串天竺杏黃念佛珠，肅靜的諦聽左獅的綜合報告，後者是今天集會的核心人物。

左獅巫覡昧的古銅色臉上，那股經常浮顯的怨毒黑氣，今晚在燈光下特別強烈。他張著尖銳眼睛，滔滔不絕的然而是低聲的控訴著：

「……大規模的逮捕和屠殺正在進行，擴大。同志被捕、被殺，一天比一天多。白色軍隊瘋狂進攻紅區，中國勞苦大衆第一個蘇維埃遭受嚴重威脅。黨在這裡橫受迫害，失敗相繼而來。電廠罷工失敗了，兵工廠暴動計劃失敗了，鐵路工人的組織被摧殘了，碼頭工人的幹部組織流產了。……另一方面，在濟南慘案上，統治者已正式對日本帝國主義投降。這個半軍閥半買辦的次殖民地的獨裁政府已決定：在國外，對帝國主義繼續投降，加緊投降；在國內，則用大炮加緊鎮壓革命，剝削人民。……目前的局面非常嚴重。黨在中國面臨艱危的時刻。馬克斯列寧的偉大思想在東方遭遇嚴重考驗。……爲了挽救蘇維埃，爲了援助紅區，爲了抗議白軍進攻革命，爲了鞏固黨在這裡的地位，我認爲印蒂同志剛才提出的計劃，大規模發動一次紗廠總罷工，是必要的。」

項若虛的鱗介水族式的陰冷眼睛，在眼鏡後面閃著，他低低的提出異議：

「由於過去兩次總罷工失敗的經驗，我認爲印同志這個提案，應該慎重考慮。我們不能把一些優秀幹部統統送到黃埔江裡。過去兩次，犧牲了那麼多同志，收效很少，這個鐵的教訓，值得我們研究。」

印蒂望了望項若虛和他旁邊的賈強山，低頭沉思了一會，然後以鎮靜的態度，從容不迫，輕聲辯解道：

「總罷工是必要的。爲了挽回幾個月來的惡劣局面，一次更強烈的新鬥爭必須立刻廣泛展開。過去我們所以失敗，由於過低估計了統治階層的力量。像電廠兵工廠，這是他們最主要也最堅強的陣地，這方面，他們的力量配備極雄厚，他們的監視和防禦，也極尖銳，我們向這方面進攻，是以弱攻堅，所以失敗了。這一次，我們專選敵人弱點攻擊。無論如何，在紗廠方面，敵人的防備要鬆懈得多，因爲，這是輕工業，對市面秩序的威脅力和破壞力都較輕。黨在這方面，工作也容易做。第一，這方面，黨過去早有堅固基礎；第二，黨要繼續滲透進去，作新佈置，並不困難；第三，這裡紗廠工人狀況，比其他工廠更黑暗，不人道的剝削特別嚴重；第四，這裡紗廠工人數目，比其他工人數目都多，在十萬人以上，如果能發動起來，聲勢特別浩大；第五，這裡的紗廠，有一部分屬於帝國主義者，一般工人含有雙重仇恨，除了階級意識，還有民族意識，比如最近濟南慘案發生，我們在內外棉株式會社和日華紡織株式會社等十幾個日本紗廠裡發動罷工，就比較容易。……這只是幾個簡單理由，詳細理由和鬥爭方式，我的原計劃書有具體解釋。」停了停，他冷靜的道：「至於項同志所提醒的一點，我認爲，革命本是一種犧牲。血和菓子是聯在一起的。鬥爭，即使鬥爭領導者再愚蠢點，也不會白白『把一些優秀幹部，統統送到黃埔江裡』，但假如鬥爭不隨時加強、擴大，反而陷於停滯、被動，那麼，不僅所有革命幹部會被統治者統統推到黃埔江裡，整個革命也會統統送到黃埔江裡。」

印蒂發言時，坐在對面的賈強山，全神傾聽。賈那張發青又發白的臉，像一塊鐵雕，毫無表情。印蒂剛說完，他立刻站起來，微微嘎聲，粗暴的道：

「我贊成項同志的意見：認爲這個總罷工要愼重考慮。我覺得，印同志的計劃很缺少現實性。在印同志影響下，幾個月來，黨一天天走幻想主義的道路。這條路究竟是眞理，還是荒謬，最好的解答，是這幾個月來一連串的失敗。不錯，我們應該犧牲，但一個銅板的犧牲，應該換取十個銅板的代價。這幾個月幻想主義道路的結果，十個銅板的犧牲，連一個銅板的代價也換不到。爲了糾正黨幾個月來機會主義的錯誤，我認爲，黨應該採納前幾天我所擬的今後行動綱領。它的特點有二：一是反機會主義，強化黨鬥爭政策的現實性；一是提高鬥爭手段的積極性與效果性。在目前環境下，大規模的集體行動像總罷工，困難非常大，我主張多採取個別行動，和小規模的集體行動。其次，必須強化我們的「契卡」❶。恐怖運動必須廣泛展開。暴動的意義不僅是宣傳性的，而是實利性的，不僅是政治性的，也是經濟性的。……」

❶「契卡」原爲蘇聯共黨特務名稱，中共沿用之。

印蒂鎮靜的道：「賈同志的綱領草稿，左同志和我都看過了。我們認爲主題和原則很對，但手段卻有問題。比如，賈同志強調暴動的實利性和經濟性，認爲不僅應該鼓動工人搗毀工廠，並且也要劫掠它，這在現實性和革命意義上，就成問題。再如賈同志強調恐怖運動，認爲用剝削者的頭和血，來博得工人同情，作爲實際宣傳，這是對的。但賈同志主張以恐怖運動作革命中心，那無論在技巧和意義上，都有問題。賈同志綱領上，最成問題的，是主張滲透各種幫會，與流氓地痞的各種秘密結社密切聯繫，利用他們的力量，推展恐怖運動和暴動，這是絕對違反馬克斯主義的正確道路。不過，綱領中提到農村荒年吃大戶的例子，主張在城市裡，少鼓動貧民和失業工人聽我們空洞說教，多鼓動他們實際行動，這是正確的，黨一定會接受這個意見。」

印蒂停頓了一下，正想再說，楊易突然打斷他的話，堅決的道：

「我堅決反對這種盲動政策。卡爾和恩格斯在許多地方，指示我們：布爾希維克革命，只有在絕對以城市工人爲首的集體行動下，才能走上正確道路，並保證它的勝利。拋開總罷工，而採取土匪式的劫掠政策，那是對革命正統的反動。同時，結合各種流氓幫會，等於叫無產階級的革命吞吃封建毒藥。」

歐陽孚半諷揄的道：「統治階級更藉口宣傳，攻擊我們是盜匪行徑了。」

項若虛立刻爲賈強山辯護，冷陰陰的道：

「爲了一個正義目的，一切土匪手段都可以用。在統治者眼裡，我們現在本是『匪』。不管我們怎樣想做聖人，統治者依然把我們當做強盜。強盜也好，土匪也好，惡劣也好，盲動也好，只要能打擊統治者，有利於革命，都是合理的，正直的。」

接著，賈強山爲自己答辯。於是，楊易和歐陽孚與賈項激辯起來。儘管激辯，卻盡可能壓低嗓門，或者，語態輕鬆，彷彿是講閒話，說笑話。范惟實也參加，他對賈強山的現實主義表示同情。這一場論爭，兇厲得不亞西班牙鬥牛。最後，許久不響的鄭天遐，把手上佛珠放在桌上，以學者態度，正式作理論分析。他的結論是折衷的，一方面，認爲在某種有利條件下，應該採納賈強山的建議：比如，黨必須滲入低級社會的幫會。他認爲，黨只爭取開明知識分子的同情，是不夠的。另一方面，他以爲，自馬恩列以來，布爾希維克的正確路線，主要的一直是通過城市工人的集體力量，完成革命。巴黎公社如此。十月革命如此。一九一九年四月德國明興的蘇維埃如此。北伐克服上海也如此。十月革命成功的轉捩點，就是彼德格勒工人武裝暴動的成功。所以，黨必須在大的行動上打擊統治者，零零碎碎的小算盤主義和報復主義，是不必要的。

這個激辯大約延長四十幾分鐘。左獅一直不開口。但當鄭天遐說完，項若虛才想答辯時，他立刻以主席資格攔阻他，不耐煩的低低粗聲道：

「不行，不行，我們不能再討論這個問題了。這一切都離開本題了。賈同志的綱領，只是泛論一般行動原則和技巧，我們可以留到另外一個會上討論。現在，我們主要討論的，是黨次一主要行動的具體計劃。印同志的紗廠總罷工計劃，極明確、深刻、具體、而且詳細。在沒有其他更明確深刻具體詳細的提案以前，我認爲黨應該接受它。賈同志說它是幻想，絕不是幻想。任何幻想，本身只要有現實基礎，就可能成功。問題還不只在它能否成功，而是它往成功道路上進行時所產生的意義和影響。……這個提案有一個保留點，就是，它最終目的是總罷工，萬一達不到，那麼，有一個紗廠參加，就發動一個紗廠。這樣，就不會完全失敗。這裡有四十幾個紗廠，即使我們不能實現十分之十，十分之一二總可實現，能實現十分之一二，也就是一種力量。還有，正當濟南慘案發生後，假如我們發動日本紗廠罷工，統治階級一定聯合日帝國主義迫害工人，這樣，不僅會煽起工人對統治者的雙重仇恨：階級與民族仇恨，並且也會贏得社會的普遍同情。所以，在這個時機，這一罷工有更深一層的意義。退一萬步說，即使全部失敗了，並不是革命本身的失敗，正相反，黨和無產工人都可以從失敗中接受更堅強的鍛鍊。無產階級革命在中國還不只是一種鬥爭，也是一種教育，中國無產階級，先天的比歐洲無產階級患理論貧血。這一革命運動，對他們完全是一個陌生運動。我們必須從多次勝利和失敗中來教育他們。每一次罷工失敗，對於工人次一行動都是鼓勵。工人不同農民，失敗絕不會叫他們悲觀，卻會激起他們更強烈的反抗。同時，單只在我們這個大城市裡，每年勞資衝突，就有四百件左右，這還是官方統計。在這樣嚴重的階級衝突下，我相信我們的運動開展與勝利，只是時間和努力的問題。」

「好，對印同志的提案，我不再作理論解釋。這個計劃要點，我扼要報告一下。大家有意見，可以討論。我想，只要我們工運組織通過了，再向這裡市領導建議，它一定會贊許的。……」

於是，左獅開始報告。他那雙怨毒的黑眼，灼灼發紅，似乎埋藏著許多燒紅的鐵箭，要射穿室外一片黑暗而冰冷的夜霧。

所有的人都靜下來，夜也靜下來。整個廟宇是一汪死水，一口古井。但世界並沒有靜。世界仍在前進。這個東方大都市也沒有靜，它的紅夜仍在燃燒。公園樹蔭下，霓虹燈光裡，一對對一雙雙影子前進著，踏著悠閒步子。咖啡館內，漩渦著溫柔的語波，溫柔的眼睛亮在天藍色燈光裡；一些天鵝絨的角落裡，男人和女人，蛇樣纏在一起。瀝青大街旁邊，一些戴白色圓帽的異邦水手，喝得醉醺醺的，高唱「玫瑰瑪麗」。黑暗秘密窟中，有人在計劃謀殺。堂皇官邸裡，有人在討論劫掠和屠宰。古舊的屋子裡，有人在回憶死人。曠野裡，有人在哭泣。……世界，在前進！

二

鬥爭無時間無空間的開展下去。血與恨也無時空的漂流下去。一踏進鬥爭紅門，等於跨入另一地理緯度。在這個緯度裡，沒有知更鳥，投有黃鸝，沒有銀河，沒有青色溪流，棕色山谷，春天與夾竹桃，鬱金香和芙蕖花。這裡只開一種花：「奉獻」。這裡只有一種鳥囀唱，他叫「搏鬥」。無休止的奉獻。無間斷的搏鬥。除了生與死，勝與敗，搏鬥者思想內再不幌別的意識。人也不該再想其他事。這座偉大紅門內，多餘思想已成資產階級的閑暇象徵。人不能思想，人只能感覺。人即使用思想，它的翅膀也飛不了一尺遠，只限於把生命從今早馱到今晚。一過今夜，那幾乎等於又換一本日曆，一切重新飛起。

世界上最大的模仿家是梅毒，二期以後，它入肺，就仿為肺病；入胃，便仿作胃病；進肝，則仿做肝病；……。一個革命者，就是這種梅毒式的兇厲模仿家，他滲入統治階級哪一角落，就得在那裡擬造一場惡病，來打擊統治者的健康。鬥爭者必須竭盡所有力量和手段，來削弱統治者。

人像先知約翰，把命揑在手掌心，來向群衆喊福音。這些簡單聲音所包含的悲壯而複雜的成分，絕不是那些靜坐在明窗淨几畔閑品香茗的聰敏人所能估計的。

都麗喬皇的首輪大電影院裡，開幕電鈴一響，燈才黑，一大陣印刷品突然從花樓上飛下來，彷彿天魔獻舞，一片白色花雨，成千成百傳單飄下地。彈壓席上的憲警衝上樓時，散發人早不見了。鷹犬們到處撕著扯著搜著這些傳單，但一部分已被人偷偷藏起來。

一些晴朗日子裡，一輛大卡車駛過熱鬧大街，忽然驚動所有行人。人們跑著、奔著、擠著，湧到街邊圍看它。卡車是空的，三面圍掛一幅長長白布，上面炯爍要吃人的一些巨大紅字：「打倒禍國殃民的國民黨！中國共產黨萬歲！工農無產階級萬歲！萬萬歲！……」卡車駛過一處，行人就圍擁一處。交通警察終於發現了，緊急哨笛銳鳴著，卡車被攔截了，司機被逮捕了。那不識字的車夫徒然發現這條白布紅字標語，不禁萬分驚訝，目瞪口呆道：「這是怎麼一回事！剛才車上還有一個人，他怎麼不見了？車子是他從車行僱到四川路的。行裡派我開車。我什麼都不知道呀！」

一些下層民衆常常麕集的空場上，一個簡單的露天小戲臺搭起來。傍晚時分，臺子四周擠滿車夫、苦力、工人，與農民。開鑼唱戲了，是「平貴回窰」，才唱不一會，那薛平貴竟不唱了，忽然演講起來：「工人們！農人們！親愛的弟兄們！你們在國民黨統治下已有一年多了，這一年多來，你們的生活改善了沒有！在齊燮元孫傳芳張宗昌那些軍閥的統治下，你們成日是牛馬樣流汗、做苦工、吃不飽、穿不暖、住破房子。現在，國民黨來了，在他的統治下，你們還是牛馬樣流汗，做苦工、吃不飽、穿不暖、住破房子。國民黨的政府和北洋軍閥政府有什麼分別？……」講著講著，人越擠越多，簡直水洩不通。接著，一個莊嚴熱烈的群衆大會舉行了。好幾個人上來演講。當一批憲警趕來時，原先敲鑼拉二胡的早不見了。那個王寶釧與薛平貴也沒有了。臺上演講人往人叢裡一跳，衣服一脫，不知去向了。群衆們一個個呆望呼喝著的憲警，誰也不閃開身子，卻讓他們慢慢擠進去。等到憲警從群衆海洋擠上臺時，一個個角色早沒有了。

另外的日子裡，在類似的曠場上，行人來往走著，驀然發現一個青年人站在高條櫈上揮拳怒吼：「工人們！……」一些工人包圍了他，許多人都跑過去，拚命向裡面擁擠，懷著看熱鬧的心理。直到警察急鳴警笛，大批趕來，那青年才消失於人海。

一些政府機關後門口的垃圾箱裡，堆了許多污垢雜物。每天早晨，天才矇矇亮，一個衣服襤褸的青年人就揹了竹簍子，來翻撿垃圾。他雙手在穢堆裡活動。奇怪的是，那些值錢的雜物像香煙聽子、空罐頭、香煙盒、整張的報紙、玻璃瓶、布片，他一概不拾。他只揀有字的紙片，不管是整的、碎的，都投到竹簍內，拾完所有這類紙片，裝滿大半簍，他才離開。

同日晚間，這個青年換上另一套乾淨衣服，在昏黃燈光下，把這些碎紙片一一拼湊起來，仔細研究。這裡面，包含一些被遺棄的公文、信件、便條，以及印刷品。

一個明朗下午，在繁華的N路上，行人熙來攘往，從S公司五層樓頂上，驟然落下一顆大炸彈，爆發了，響聲轟天動地，死傷一堆路人。這條新聞，傳遍當日晚報。報上最後註明：投彈者是一個青年，當場被捉住了。

也是一個明朗下午，在輝煌的R大飯店三樓樓梯口，一陣鎗聲突然響了，兩個人登時倒在地上，此後也不再爬起來。兇手逃逸無蹤。事後據「幕中人」語：這兩個人，一個是政府偵探，一個是共產黨裡的「覺悟分子」。後者帶著前者，準備來抓他那些不「覺悟」的同志，結果卻被暗算了。

……………………

鬥爭進行著，在工廠，學校，碼頭上，鐵路上，在娛樂場所，在各個生命角隅。不鬥爭，即毀滅。鬥爭不只爲理想勝利，也爲爭取最低限度的生存空間。在這裡，那些爲爭取時代明天的先驅者，每一立方公分生存空間，都是用成大串的頭顱和滿身大汗換來的。在這個叛逆國度栽革命，幾乎像在絕壁石縫間栽玫瑰，人必須有蠍子的穿簷走壁本領，才能保證不摔死。可是，不管多少人摔到巖壑底，砸個稀爛，花仍得種，仍得開，只要它值得種、值得開，只要它能徵兆一個美麗的黃金時代。這是比先驅者更「先驅」的無上良知的神聖律令。「先驅者」的涵意本就是：「最愛用血代替貨幣購買物品的人種！」

這些日子，印蒂沉入另一新世紀。舊世紀雖然還像一張硬牛皮包裹他，但他很少感到，他的情緒是穿著新世紀的衣裳。一天天的，舊世紀舊世界越來越像一座硫磺硝藥倉庫，隨時會把他扯成碎片，但他毫不顧它的毀滅意味。正相反，他覺得自己活在最崇高的大氣層。他從未感到自己是這樣豐實、精粹。生命意義從未這樣富饒而蘊沉的浸漬他、給予他。他自傲他們這一群都是奧林匹斯山上的人物。他們的血液有神的血液。他們代表人性最高貴的一面。大自然給他軀殼、呼吸、和靈性，今天他才能不紅臉，第一次喊出一聲：「我無愧於你的給予！我已把它作極峰意義施用了！」他現在絕對有權向另外高高在上的千百人投蔑視眼色、吐唾沫了。同樣，白天，他如果向人群喊出一聲：「我愛你們」，夜晚睡在床上，回憶這一聲，他絲毫可以不懺悔、不慚愧。自有人類歷史以來，只有他們這一群，才算活在它最偉大最聖潔的一頁。他們是站在歷史峰顚：對過去四五千年作一總清算，重新爲它訂價，再創一座偉大雲梯，讓歷史昇入光明雲際，投入光明無限的明天。

印蒂以全生命全靈魂摯愛這個偉大理想。他決心把自己整個交給它，東方女奴似的侍奉它，用每一寸肉每一寸骨，來營養它。他不敢幻想這個理想全部開花結菓後的新地球，那太美了。他此刻所能做的，只是拚命工作、鬥爭，用無休止的工作與鬥爭來表現自己的血誠。由於他的艱苦努力，他在黨裡聲望逐漸高了。他的智慧、熱情，與謙虛學習，在領導方面，都發生影響。他已成爲左獅左右手。儘管失敗接踵而來，但黨組織本身和鬥爭力量日益堅強，進步，卻是事實。也正由於此，他才與賈強山項若虛一小部分同志，發生一些衝突。可是，不管怎樣衝突，他總咬牙忍耐、退讓，寧訴諸公義，而絕不用私見私權砍打對方，縱然有時他並不缺少這種砍打力量。他這種光明磊落的態度，也正是他常得到左獅支持的基素。

工作主要困難不在內部，而在外部壓力，後者一天比一天大。統治者的黑手像撲燈蛾，一巴掌撲下來，總要打殺一隻、兩隻、甚至三隻四隻。這似乎是一個怪物：殺蛾子的倒不是人，而是火四周的那些黑手。

討論紗廠總罷工的兩星期後，也是一個晚上，他赴范惟實寓所，參加一個重要會議。這是一個罕見的大風沙夜，喧嘐的夜。狂風魍魎極了，不斷嚎吼、咆哮，帶著冥罰意味。大風起處，一陣陣灰沙妖嬈的打旋，搖舞多姿。風沙中，一些建築物突然峙出來，鬼魅似的，蠻獷而粗暴，純粹野獸派繪畫的線條與氛圍。

印蒂跑上樓，才走進房，就聽見歐陽孚的憤怒聲音：

「哼！忍耐！忍耐！究竟忍耐到什麼時候！我們的同志，一天天被綁出去，被打倒在血泊中。我們的工作開展，一天天的，還是像蝸牛一樣遲緩，到處碰壁。黑暗的腥味，一天天堆起來。死難同志的屍味，一天天積起來。我們就必須用無限忍耐心情活在這些氣味中間？」

印蒂還未落坐，連忙問是怎麼一回事。

歐陽孚一雙眼睛都紅了。他憤憤道：「你沒有得到消息？黃幻華被捕了？……」范惟實旋即說明：鄭天遐住的廟裡，昨天下午被軍警搜查。鄭剛巧出去辦事，黃幻華借他那裡油印上個宣傳文件，當場被捕。幸好有一個知客與鄭素來融洽，他遠遠守在廟外，一見鄭從街上回來。立刻把他拖走，通知他實況，說明有人正在候他。這樣，鄭才算脫網。……

印蒂聽完，半晌沒有開口，有一刹那，他覺得自己生命底流結了冰。於是，漸漸的，他腦子裡，浮顯起黃幻華那張天眞的圓臉，那副永遠樂觀的臉，以及他們共同工作時的一些片斷，……。終於，他低沉的，緩慢的，嘆息著，自言自語：

「我們就是活在這樣的人間……這樣的時代……這樣的地方……」

他再說不下去了，喉嚨管塞了點東西，但他卻努力壓制感情。一個聲音似乎兜他心底響：「感情又能怎樣呢？悲傷又能怎樣呢？」是的，這種事，三日兩頭，總要發生一次。他無法完全用感情接待它們。他也沒有時間作這種接待。祭壇上的血早把他淹麻痺了。這一類事早對他不新鮮了。他抬起頭，歐陽孚正在靜靜流淚，他安慰對方，勸後者理智點。

歐陽孚怨毒的反抗道：

「是的，理智！理智！理智！我們應該理智！打斷頭，我們要理智，打斷脖子，我們也要理智。這樣理智下去，世界是不是就能翻身呢？當我們理智的做著蝸牛工作時，我們的同志正在挨打。被殺。被囚錮。被侮辱。當我們理智的考慮這考慮那時，千千萬萬人正在饑餓中叫喊，在寒冷中呼號。在大廠主大地主鐵蹄下呻吟。然而，我們還是得理智！理智！……」

「那麼，你主張怎樣呢？」印蒂溫和的問。

「我的主張很簡單，黨應該加添新血液，應該有生氣，必須加強恐怖運動。我們的人被捕去一個，就殺他們兩個。凡是國民黨高級官員，都他媽的殺、殺、殺。殺一個是一個！也叫他們認識我們的力量。」

「那麼，你這是贊成賈強山的辦法了？」

「我不同意他勾結流氓幫會。至於暗殺，我認爲越強化越好。」

印蒂微微昂奮道：「革命不是報復主義。革命主要的是對付制度，不是對付個人。在統治階級陣營裡，你殺死一個，他們會塡上兩個。」

歐陽孚邪惡的道：「只要他們不怕死，儘管塡補好了。」

印蒂沉靜的道：「你這是很天眞的想法。你難道看不出兩邊力量的對比？一邊有大批軍隊、警察、憲兵、特務、偵探，有銀行、有精銳武器，另一邊只有一些赤手空拳的青年，又窮又破，只有很可憐的武器。在這種對比下，雙方要競賽恐怖運動，誰勝誰敗呢？並且，恐怖運動是一件容易事嗎？你可以用整個生命忠於這一運動，但像你這樣的人，我們陣營裡能挑出一千個兩千個嗎？就是有一千個兩千個，犧牲完了，立刻可以補充嗎？再說，恐怖運動是一件簡單的事嗎？」停了停，溫和的道：「我希望這只是你一時感情衝動的話。你也讀過卡爾和恩格斯的幾本書，你當然了解：布爾希維克革命並不是一種恐怖運動。」

歐陽孚聽完，一時無法辯駁，低頭不響。

印蒂也不再和對方辯論。他看看錶，開會時間還未到，大家都沒有來。除了范與歐陽，只有楊易。當他們辯論時，楊俯伏於電燈下，抄改一個文件，一直沒有抬頭。他工作得很專心。印蒂不願打攪他，便走到范惟實身邊，低問他一件事：

「范同志，鄭那裡被搜捕，不會影響今晚這個會吧？」

范沉吟一下，慢慢道：「我想不至於。……這個會是昨天下午決定的，鄭還沒有接到通知。萬一有通知，他一看過，立刻就會燒掉，不會留下來的。……我們最近的防禦工作和聯絡技術，都有進步。任何一個同志住處被搜捕，都不容易波動其他同志。……不過，有一樣，……」他楞了楞，沒有說下去。

「『有一樣』什麼？」印蒂追問。

范望了歐陽孚一眼，極低的道：「除非幻華——」

印蒂立刻打斷他。「那不會。那不會。……」他偷偷向范施了個眼色，暗示他不要再說下去。可是，在內心，一股激浪卻搯播抖動著。一個人，昨天是他的兄弟，今天卻被拖到鐵幕後面去受嚴重試鍊了。這顆年輕靈魂，能夠順利通過這場試鍊麼？假如萬一通不過，他會不會僵下來，順腳一勾，把他的一些兄弟也拖到鐵幕後面呢？

然而，印蒂堅決相信，那個有一雙天眞眼睛的大孩子，能通得過這種試鍊的。

印蒂正想著，聽見范惟實的聲音。

「今晚或許是我們最後一次利用這個房間了。不管怎樣，我準備兩三天內搬家。」

「爲什麼？」楊易第一次抬起頭來，詫異的問。

范惟實嚴肅的道：「我這裡的風聲也有點緊。大前天下午，我從外面回來，走到巷子口，發覺後面有一個人，神色很特別，我沒敢進屋子，穿過弄堂一直出去了。今天上午，我才出巷子，又在附近看見一個神情異樣的人，正對弄堂張望，見我出來，他跟在後面。我故意拐進一家旅舖，從後門出去，才算避開他。」聲音有點陰沉：「我覺得情形不妙。……我希望，這兩三天內，不會出什麼意外。」

「你有點神經過敏了。這兩個人並不是一個人。」楊易說。

「我本不重視。不過，鄭同志那裡被搜捕後，我不得不提高警惕。國民黨的特務是很兇的，從一個極微細的線索上，有時他們會獲到許多複雜東西。」

印蒂聽到范的新消息，有點不安，喃喃道：「不過，今晚這個會，……」

范自信的道：「今晚這個會沒有問題，我已派王德明夏作楨施家彥三個出去警戒了。萬一有情況，他們三個應該可以應付了。我剛才焦慮的，只是此後。至於今晚，我想還不致這樣快。當眞國民黨的特務都是天兵天將麼？」

印蒂輕輕吐了口氣。「那就好。」

接著，他們談到紗廠總罷工問題。印蒂把市領導的指示解釋給他們聽。這時，楊易已抄改好那個文件，也加入談話了。

屋外，狂風依舊粗暴的絕叫著，野狼群似的。附近，隱隱有小兒啼聲，與沙子撞擊聲。黧黑的夜抹煞一切。夜煩燥不安，似乎要預告什麼。

突然，從風沙聲音中，響起一個銳利鎗聲。

屋裡人網球似的，全蹦起來。

范惟實連疊聲叫著：「糟了！糟了！糟了！」

印蒂倉皇間：「文件在哪裡？快搬出來！」

范惟實忙從床下拖箱子，一面拖，一面喊：「都在這三個箱子裡。」箱子並不大，范，印，楊，每人各搬一隻，提在手上。

「大家跟我走！快！」

范喊著，從後門另外一個特製的樓梯踅下去。下了樓，是另一份人家的院子。穿過院落，有一條陰暗甬道直通一條小巷，外人很少知道。出了巷子，就是大街。正因爲有這點特別曲折的通道，他當初才租下這幢房子。

三個人出去了。歐陽孚卻獨自留守房裡。鎗聲一陣比一陣激烈、他從腰間取出手鎗，不斷獰笑。

一陣樓梯聲，夏作楨急奔上來，氣急敗壞的道：

「歐陽同志，你怎麼還不跑？他們快到門口了，施同志王同志正在抵抗，你快跑！快跑！——我要守住這個房間！」

歐陽孚臉上像塗滿丹血，紅得怕人。他突然激情的大聲道：

「作楨，我要守在這裡，陪你。現在離開會只有卅分鐘。我們必須支持卅分鐘，要不，他們全完了。你快去守樓梯口，不讓他們衝上樓。我守房間。——記住：儘可能拖延抵抗時間。不要隨便亂放鎗。我們必須拯救他們。必須拯救他們。……」

第二天，戰們實況分曉。施家彥夏作楨王德明全被打死。歐陽孚受傷被捕。敵人死了五個，傷了三個。開會的人，還沒有到巷口，就發現街面大騷動，聽到巷口鎗聲，都逃走了。只有項若虛，在衝突剛起時進巷子的，被捕了。

三

突然一下子，網罟逼緊了，到處撲著準備「扣環」的鷹爪，各個角落埋藏嗅覺敏銳的狼狗：多血質的潘因特種，黏液性的雪德種、法國戈登種。塗上弩箭毒藥，搭在張滿的弓上。獵人的象鼻、伸到六七尺以外。印蒂絕未想到，一天比一天，自己竟深刻的扮演福爾摩斯探案上的神秘角色。過去，聽韓慕韓縷述東北的恐怖生活，經常帶三支實彈鎗，每晚換一張床，夜裡，一隻貓踏過屋瓦，也會從夢中驚醒。印蒂聽了，只覺新鮮有趣，臨到自己上演，才明白這個新奇趣味後面，藏了顆怎樣嚴肅而駭人的心。

這些天來，同志們從不在同一場所連續開兩次會。平均每半月，印蒂總要換一個宿處。裝束經常變換，必要時，一天兩三套。臉上不是戴一付大口罩，就是黏一片大紅膏藥，要不，就綁一塊大紗布，或者蒙一隻眼睛，或遮半個臉頰。一具茶煙色墨鏡和一副假鬍子，是必備品。他大半扮成小商人，有時也喬裝其他角色：黑制帽黑制服的學生，密排對扣黑香雲紗掛褲的白相人，紡綢衫黑摺扇的荷花大少，掛三角帶的軍官，西裝革履呢帽的洋行職員，鴨舌帽藍布掛褲的工人，提菜籃的廚師傅，綢袍緞馬掛猞猁帽抽雪茄的經理，……

鼦鼠似的，大部分白天睡覺，傍晚後出來活動。睡時無限警醒，窗子一吹動，門一碰響，立刻睜開眼，身子雖躺在床上，手卻已按到枕下實彈手鎗的扳機上。不在約定時候，有人敲門，照例一手提鎗，輕輕走到門邊牆壁旁，藉著一個特製的小圓眼，張看來人是誰，才決定把手鎗繼續提著，還是放入袋內。即使在約定時間，假如敲門聲不是預定的「托托——托——托托——托」或者「托托——托托——托托——」，也要如臨大敵，作同樣警備。去訪同志時，未進門和上樓前，總提心吊膽，四面八方，苦苦巡視一番，看有無形跡可疑的人。在街上，一支白郎寧經常插在褲腰帶下，一面走，一面不時左顧右盼，前瞻後望，而又不露鮮明痕跡。除非工作必要，平常絕不在熱鬧地帶及娛樂場所出現。絕不接近黨以外的女人。儘可能不與陌生人打交道、交談、或發生瓜葛。沒有事務，盡可能少上街頭露面，在洞窟裡藏得越緊越好。

警覺性提到最高峰，一個人純然神經質了。一根根神經像物理學上的共鳴儀器，連一枝雀米草在地底的吸水聲似也會彈響它。聯想力特別膨脹，一根落在房門口的煙蒂，也會引起一場軒然大波。他首先考問：他的同志中，哪些是抽煙的？他們什麼時候造訪過他？這煙是什麼牌子？什麼煙質？假如是較名貴的煙，同志間有沒有抽它的？……最後，他會判斷：可能有一個很用心思的中年人曾在門口站了一會。十幾歲的人不大抽煙。廿歲左右的年輕人吸煙，煙頭不會這樣短。只有一個卅多歲的中年人，老於吸煙，才會吸得只剩下這一丁點。能吸得這樣深，證明他很能用心思。煙蒂是扁的，證明他曾用腳踩過。假如一個過路人，煙頭扔到門邊，不會專門跑過來用腳踏。只有本來站在房門口的人，才能這樣做。……由於這樣的結論，最後，他會警戒起來。

他生活在恐怖裡，一大團黑壓壓青虛虛的恐怖包圍他，他只是恐怖氣團的一個小生物。隨著每一個日子轉滾，氣團也不斷旋滾，它裡面的生物也跟著滾。他不知道它將把他帶到哪裡，他只知道：恐怖消失時，也就是氣團爆炸時，也就是他全部毀滅時。他必須生活在這氣團中，準備聽它爆響。當恐怖螞蝗似的鑽入人的皮肉裡，它的最深邃的狀態，也就是剝奪人一切自由的狀態。人懷著「盜窶子」❶的心脣，日夜緊張著。工作需要緊張。生命的保衛也需要緊張。這個大都市裡，幾百萬人無所謂的生活著，但這群極少數人，卻用一顆壓縮得要迸裂的心來打發日子。無論吃飯、盥洗：休息、走路、坐著、站著，腦子裡總像有一個大車輪在不停滾。手足保持自由，心卻變成工作的絕對囚徒。人緊張得恨不把生命剖成一秒秒的來用，讓每秒鐘自成一個天地。「啊，今天我又算活了一天！」印蒂每天臨睡時，幾乎總要這樣講一遍。摸摸頭，腦袋還在脖子上，他滿足的閉上眼，生命的最高幸福，似乎盡在此了。

獵銷震響中，一隻牝鹿會懷疑自己影子。它狂奔時，影子越晃動，它奔得愈快，直到脫離險境，停下梅花蹄，才發現自己在咬自己影子跑。這些日子，印蒂時而也咬自己影子。有生以來，他從未這樣懷疑過一切。在家裡，任何一點風吹樹動，窗門震碰，都會疑爲人聲。夜裡，一隻老鼠奔走，經常疑做腳步聲。（有一個時期，他專門避免住太

❶「盜窶子」即挖墳墓盜棺材中財物者。

舊的房子，就爲了避免這種小動物，它常會妨礙並鬆弛人的必要警覺。）走到街上，懷疑每一個人都是特務和偵探。假如有一個路人碰自己肩膀，心立刻「卜卜」跳起來，（路上，他盡可能遠避行人，單獨挑空曠處走。）整個都市變成一座捕獵機，到處似安置機關。風聲吃緊時，連自己同志也受懷疑。這並不是新奇事，每一個同志的巢，都是一座可能的陷阱。今天是同志，明天可能是獵人。任何「朋友」都是「死仇」的一個準備名詞。但任何死仇卻不能變爲朋友。

公衆場合裡，即使遇到一兩張忠厚的臉，聽到一點溫和親切的聲音，也不敢坦白兜接上去，生怕這些臉是倀臉，這些聲音是鹿角，專爲誘引同類的。飄浮在陌生社會裡的任何仁愛和好意，印蒂全讓它們保持一個距離，不敢筆直拿來吞下去。他常常聯想愛斯基摩人的狩獵技巧：他們把搽抹上鹿血的利刃插在雪地上，狼來舐血，便受傷身死；他們又把二呎長的鯨骨捲成一團，外面緊紮肉筋，骨兩端綁了塊金屬片，再把這團東西放在一大塊肉裡，狼看見肉，吞下去，肉筋消去，鯨骨突然挺直，刺穿狼胃。

這種懷疑像毒蛇腦裡的「蠱毒犀」，它碰到什麼，就毒化什麼。它的色素極度飽和後，會把一個人的精神糟蹋到什麼程度，當事人自己毫不瞭然。即使偶然在夢悟中，發覺這塊懷疑毒犀上的一個有毒窪洞，也立刻用「自欺」泥沙把它堵上。爲了延長自己生命，（變相也就是延長工作和信仰，）印蒂已習慣懷疑了。有時候，他幾乎連太陽光也懷疑起來。「太陽光這樣溫柔的照到我身上，也許是一種陰謀吧！太陽光也許是一個陰謀家吧！否則，它對我這樣溫柔的給予，爲什麼絲毫不取報償呢？人間有這樣便宜事嗎？」

在重重疊疊懷疑的最深核心：是血鮮鮮的恨。只有它，才能把因懷疑而鬆散的心靈凝集一點。他恨天、恨地、恨人、恨獸、恨社會、恨世界、恨一切。這些月裡，他彷彿缺少鈣，脾氣壞極了。即使是那光明萬丈的信仰，也只有偶在午夜靜深時，才能湧照心頭，微微撫摸他、平靜他。當恨充天塞地時，信仰同樣也變得黯淡。恨像一隻豺，把他所有細柔情感都生吞活剝了。假如他是一個精銳的反省者，他會責問自己：何以他，一個愛之福音的信仰者，竟這樣被憎恨和懷疑所撕碎，而完全缺少愛意？何以他……？但當時無暇反省。在槍刺叢和刀劍林裡趕黑路的人，每一秒都可能遭受一個劈刺，生命此時只是純粹防禦的反射，既不是思想，更不是反省，人這時極冷酷，一顆心早變成鐵匠店的出品。鐵匠店是社會，鐵匠就是那些特務偵探，是他們把他的心千錘百鑄成一塊又冷又硬的藝術品。這個時期，他的一部分感覺痲痺極了，不再像過去那樣常反應春花秋月，華髮朱顏，他唯一的觀念只是：工作！工作！工作！工作！日夜拚命工作！並且拚命掩護工作。

出於環境壓逼，他的感覺有時不得不在生死交叉線上徘徊，從中得到很大啓示。

只在死的最深邊子上，才能獲得最深的生之感。平常，在生的明亮裡，生是極淺薄的，必須接受死的最黑暗的恫嚇，生才能深起來、厚廣起來。在死的黑霧裡，智慧銳利的打著閃。它會告訴人：生原本從死巷內爬出來，生命的感覺源泉不是生，而是死。我們的文明，是從死裡面噴湧出來的。我們的文化，也只是一種對死的抗爭。一切鬥乎，在平日是浮幌的、分散的，只有臨到那唯一剎那，它才深湛而凝鍊的集中。死是一個偉大學校，它裡面的一天，頂得上世間教育一年。能安然從裡面出來的人，筋骨將奇蹟式的結實。

在死的絕窟邊緣上。在獵人的箭鏃中，印蒂工作著、鬥爭著、跑署、跳著、閃避著。眞理的火四周，就埋伏著藥箭。他去取火。取一次，箭就飛來一次。他可以閃避一次、兩次、甚至三十次，五十次，但他不能閃避五百次。

好幾天，他發覺有人跟蹤他，盯得很緊，他極端靈敏的躲開了。他心裡很不安，覺出凶兆的籠罩。

那是一個下午，他到某地開會，會址在一座三層樓上。樓下有三扇門。一扇通大街，兩扇通衖堂的兩面。他戴了墨鏡，一頂黑呢帽齊眉壓住，身穿一件藏青嗶嘰夾袍，裝成一個商人。他悄悄踏進巷口，左右張望，沒有一個人。他放了心。「篤篤篤篤」一陣響，他一口氣跑上三樓。這是一間臨時借用的房子。「托——托托托——托——托托托」，他按照記號，敲了門，沒有人應。他猛一推，門開了，裡面一個人沒有，地上東西很亂。他吃了一驚，才迅速轉身，門後忽然走出一個大漢子，他急忙衝下樓，從第四級就直往下跳，連跑帶跳的，馳赴後門。才衝出門，四五個大漢子就擁上來，與追的人相會合。他把手急揷口袋，才抓住那支白朗寧，四支左輪已經對住他額頭。一個山東大漢用一種劈雷聲高喊：

「不要動！——手舉起來！」

印蒂腦子裡一團黑，黑裡幌了兩個字：「完了！」

四

兩分鐘後，印蒂被架上一輛福特牌轎車，伏坐著。雙手反綁，眼睛貼上兩塊膏藥，外面又蒙了層墨鏡，一支手鎗頂住他脊背心，兩側兩個人押住他。約莫四十分鐘旅程，車停，他被兩個人拖下來，架著往前走。左拐右彎，走了十幾分鐘（他猜他們是故意繞了許多道兒），才被喝令停住。手上痲繩旋被解開，墨鏡也摘了，押解的人出去了。他揭開膏藥，睜眼一看，是一間寬大而華麗的寢室，床鋪雪白潔淨，有精緻沙發，高高衣櫥，和大梳粧台，設備不弱，似S埠二級旅館的頭等房間。他楞住了，但不久，他獰笑了，徹底意味這是怎麼一回事，同時預感到，有一些怎樣的幕景包圍他。

此後一切，正如他預料。

一串發魚腥味的日子開始了。這種日子，人就是隔一百年回憶，也忍不住要嘔吐。從他囚縶的第二點鐘開始，那些貓頭鷹們便不斷來麻煩他，彷彿貓拿住一隻耗子，未吞食以前，先得捉弄一番。不同是：貓捉弄，只爲了殘忍遊戲，他們這樣做，主要目的，是要耗子供出老窠，好一網打盡。印蒂打定主意，盡可能狡賴。萬一不成，一切聽其自然。所採的總策略是：宗旨不變，小節不拘，死守住老根，不計較瑣碎。因此，所有慇懃招待、他全份承受。送來的好魚好肉，他盡心享用。那個派來侍候他的頭髮灰白的老頭子，他也放縱他的慇懃體貼。（他只有點奇怪，這老人精神狀態似乎和他們不全同。當然，這只是他的過度敏感。）他們左一次右一次設筵款待，他從不拒絕。他們中的頭目，接二連三，登門造訪，和他談話，他保持最低禮貌。可是，一提到主題，他立刻喊冤叫屈。九十九個不知道。他說他是小商人，到S埠探訪朋友，路不熟，那天跑錯門，見堂內有個大漢子，還以爲要搶劫他，才駭得逃下樓。剛出來，就發現幾個人拿鎗對付他，他以爲他們是一夥，是綁他票，沒想到竟會被捕。這實在是一場冤屈。他演戲似地，擺出苦相，假如眞是綁票，他願設法化點錢，把自己贖出去。（他身邊還有一些錢。）他用所有狡詐，替自己辯護，聽說S埠歹人多，才偶然弄了根手鎗，藏在身上，以防意外，其實是備而不用。他又說，找朋友，跑錯門，也是情理中事，他絲毫不知那天樓上有人開會。

由於他的機智，假誠懇，和演戲天才，他們中倒有個別人受了點影響。他們知道有一個「馬寧」（印蒂在黨中化名）是S埠共產黨要角，卻沒有聯想到被捕的就是他。他一口咬定自己姓李，名春山，這個，他們不得不暫時承認。然而，這個秘密窟也有它的類似不成文法律的哲學：就是：寧冤死一百個無辜，不漏掉一個「匪黨」。在這種哲學下，姓李的即使萬一眞與「匪黨」毫不相干，也不能善罷甘休，不要說他還有極重大的嫌疑。

這似乎是一場拉鋸戰。他們用盡甜言蜜語，慇懃款待，明白的誘惑，和隱約的恫嚇，向他攻過來；他又用狡猾的機智和戲劇式的扮相，攻過去。

拉鋸戰進行了一個多星期，毫無效果。

……………………

那是一個晚上，飯開來了，菜特別豐盛，還有兩瓶白蘭地。印蒂正暗暗納罕，一個少女出現門口。

這是一個罌粟花型的女人。她給人的主要聯想，是一片透紅膩艷，紅艷中滲著點毒味。這種鮮艷與毒味，主要表現在她那雙黑亮而帶邪氣的眼睛裡，與赤火火嘴唇上。這個女人是一派濃烈的氛圍，搭拉著懶散而疲頓的線條，描繪在她細膩柔潤的臉頰上，和鬆散的下頦上。這個罌粟味的女人，年約二十四五，身材豐腴，動作活潑，給人整個感覺，卻是沉重而愚蠢。只當她微笑時，在那片有毒的笑渦中，才突然烱射一種隱藏的智慧和靈滑。她穿一件紫紅色閃光緞旗袍，兩隻雪白肥圓的臂膀齊肩赤裸，加強了她身體所流出的官能氣氛。

一進門，她就跑過來和他握手，態度嫻雅之至。

「李先生，您在這裡，一個人很寂寞吧？我希望有做您朋友的榮幸。對不起，我得冒昧，先做自我介紹：我姓林，叫美麗，大家都喜歡直呼我的名字：林美麗。」

她隨即表示歉意，說事先沒有通知他，今晚這一桌菜肴，其實是她預備的。她想做一個小東道：結識他這樣一個高貴朋友。

「李先生，您的學問，您的大才，您的人格和道德，我們是久仰。這一次您大駕光臨，這是我們的光榮。來，來，先喝一杯酒，對您表示一點歡迎和敬意。」她拿起酒瓶，斟滿一杯，獻給他，自己也注滿一杯，是斧頭牌白蘭地。

印蒂冷冷瞪著她，審問似地冷冷道：

「林小姐，您還有什麼高論？我願意聆教完了，再喝酒。」

她笑起來，輕輕聳了聳肩膀：「李先生，您眞是——您眞會挖苦人。您要是不嫌棄，我早該拜您做老師，跟您學習。孔夫子面前賣春秋，我哪敢有什麼意見？」

「嗯？」他哼了一聲，臉上露出一痕諷刺的苦笑。

「不過——」她轉了個彎子。

「『不過』什麼？」他有點嚴峻的問。

她媚惑的笑起來：「不過，我願意和您談談、談談。」

他冷冷道：「那麼，妳談吧：耳朵反正架在我肩膀上，它總要裝一點東西的。」

她笑得更厲害了，銀子閃響似地：

「哈，哈，哈，哈，李先生，您眞能幽默。」停了停，聲音帶點甜味：「和朋友們談話，不作興這樣的。生薑當作料，可以提味，當飯吃，卻受不了。您說對不對？」她說完，又妖魅的笑起來。

印蒂知道，這個女人的出現，主要任務，就爲了向他演一點戲。假如他不讓她盡情扮演，任務就算沒有告成，那麼，她一定會繼續糾纏他、麻煩他。與其被她糾纏麻煩許多次，不如歸總一次，斬截了結。儘管他厭惡他的敵人，但他卻從沒有拿女人當過大敵，他對她們素來另存一種想法。雖在目前的黑暗遭遇下，這份想法依然未被完全沖淡。他於是暗暗盤算，思索一個解決方法。盤算中，眼睛偶然掠過她藕色的赤裸臂膀，和富於曲線的胴體，一股從未有過的神秘火燄，突然從他底下撲上來，他禁不住感到一點昏眩。他咬咬牙，拚命克制自己，同時也消清認出當前的危機。有生以來，第一次，他正式呼吸到一種異樣氣味。這種氣息，對於年輕男人是一種極大威脅。他心裡苦笑了。他算眞正領略到敵人手段的毒辣。然而，他橫了橫心，保持慣常的冷靜。他決定不再繞彎子阻礙她演戲，他必須快一點讓她和盤托出任務。

決定以後，他當眞冷靜的敷衍她，一面喝酒，一面和她閑聊，並在若干方面給她小鼓勵、小讚許。果然，不久，她就產生一種幻覺，以爲他已受了她的影響。於是，慚漸漸漸的，演講似地，滔滔不絕，大發議論。她說她是一個大學畢業生，過去也是共產黨員，也入過獄，坐過牢，受過苦。後來發現馬克斯理論「全盤錯誤」，這才決心糾正自己信仰。一個人應該有勇氣承認錯誤，接受眞理。於是，她便說出她所發現的「眞理」，把馬克斯從頭髮「批判」到腳跟，把三民主義從腳跟捧到頭髮。接著，又坦白的談她個人經驗，表揚對手才氣橫溢，敢作敢爲。最後，又講青年人應有的理想。演講完了，她做出一極痛苦的表情：

「李先生，您愛信不信，我這一生活著，就是爲了找眞理。剛才我所說的，只是我找眞理的一段經歷。我們都還年輕，我們應當有勇氣擔當現實，面對眞理，接受眞理。我對您的人格和才華，心儀已久。我不願看見您這樣天才，被埋沒在一場無妄之災裡。我這一番話，完全從心底掏出來，是眞心實意爲您好，爲您前途幸福設想。我說了這一大堆話，假如您一個字也不肯信，那麼，您不妨把它們當作茶餘酒後的消遣。——我願意拿我今晚所有的言詞和談笑，供您消遣。」

最後兩句話，說得特別慘然，印蒂心微跳一下。但接著，他很快發覺，它們只是一束紙紮的花，一種裝飾，故意獵取他的欣賞和同情的。這個時候，酒飯已吃得差不多，他自覺有幾分酒意，但心裡卻很清醒。他丟下筷子，完全出乎對方意外，突然沉下臉，帶著刻毒的神色，嚴厲而冷冷的道：

「姓林的！你以爲我不認識你？你以爲我不知道你是誰？嗯！你血裡藏著幾兩人味兒，你肉裡有多少根人汗毛，多少根人骨頭，我全量過、數過、秤過。從第一眼起，我就穿透你那發臭的屍皮，鑽到你骨渣子裡。你想在我面前演戲、裝蒜、耍骨頭、裝腔做勢？你做夢！連你十八代祖師爺的招手我都見過、聽過、賞識過，不要說你這個毛丫頭！你也配講『馬克斯』！你知道馬克斯有幾尺高？幾磅重？你也配談「主義」？你曉得主義有幾寸寬？幾分厚？毫不識羞的蠢東西！我爲你羞！羞！羞！我爲你羞恥！羞恥！羞恥！你連皮帶肉連每根骨渣子統統全賣光了，都賣給人了，你也配講『追求眞理』？把男人逗得燒得像一條餓狗，然後脫下褲子，仰下來，讓他啃你，這就是你的『眞理』。做一架留聲機，把別人交給你陳舊得發霉的片子，叨叨叨叨的開給每一個像我這樣的人聽，這就是你的『眞理』。戲子似的：背熟了那幾句台詞，在我面前鸚鸝學舌。這就是你的『眞理』。像一條草狗，白天替主子汪汪狂吠，晚上讓許多公狗蹂躪，這就是你的

『眞理』。我爲你羞恥！羞恥！羞恥！剛才瞧你演了半天戲，看你也唸過幾年書，也受過一點教育，你難道連自己活在什麼時候，活在什麼地方，都不知道？你難道連自己在開肉店，在做肉架子，讓男人秤斤秤兩的挑選、零買、躉批，都不知道？你難道連自己被闊人被資本家糟蹋一輩子、玩弄一輩子、吃喝一輩子，都不知道？你瞎了眼！你昏了頭，你暈了腦，你忘了魂！你向我講眞理！你向我講眞理！你向我講眞理！」

印蒂這一招手，女的純未料到。像一條草叢青蛇，猝不及防，遭受沉重一擊，她竄跳起來。她那雙帶邪氣的黑眼睛，罌粟似的熠耀著，一片霞光淹沒她粉白的臉。酒精在她血液沸騰。她渾身熱騰騰、暖芳芳，瀰溢強烈的脂粉香與肉香。她那豐腴的胴體，像秋季紅熟透了的菓子，迎風在樹枝上作飽滿款擺，描畫出水蛇式的妖魅的曲線條。像老魔精要祭出最後一件法寶，一片毒味的笑閃過她唇邊。……突然，又誘惑、又嘲弄、又辛辣、又魔魅的，她爆發下面一陣急雨：

『是的，我不配談眞理。我不配談眞理。配談怎樣？不配談又怎樣？知道眞理怎樣？不知道眞理又怎樣？眞理是什麼？是什麼？過眼雲煙幾十年，幾十年完蛋，進棺材做糞土肥料了事。什麼馬克斯！恩格斯！有什麼大不了！你那些神聖正義有屁用！你自命救主，要普渡衆生。你那些『衆生』此刻正在打麻將、抽鴉片、逛窰子、蹓馬路、晒太陽、瞌瓜子、抽旱煙，你這位『救主』眼瞧著就要毒刑拷打，刀砍斧劈，上十字架，進陰曹地府，鬼不來收屍，蒼蠅不給你掉眼淚，狼來吃你的肉，狗來叨你的骨頭，蛆蟲拿你做窠巢——這就是『眞理』！這就是『正義』！」聲調突然極度蠱惑而富有魅力。「是的，我是肉，我就是一堆肉。可我是一堆能迷你能捲你的肉！瞧啊！我有年輕的肉。我有自馥馥的肉。我有香噴噴的肉：我有發甜發香的肉！這片花朶樣的年輕身體能給你甜。給你蜜！給你歡！給你樂！給你舒服和痲醉！你年紀輕輕。瞧你個傻楞嘰勁兒，你還是隻嫩蟹！你一輩子還沒碰過女人。你幹嘛偏要開臘腸店似地，滿肚子掛滿『人民』、『大衆』、『社會』、『人類』，和什麼馬克斯、牛克斯、豬克斯？你爲什麼不要我？不要我？你爲什麼不享受青春，不尋求一醉？那些馬克斯牛克斯都是傻蛋，在圖書館裡霉一輩子，抱著油紙啃一輩子，知道個屁人生眞理！人生眞理是什麼？人生眞理就是我！就是我的身體、我的胸膛、我的氣味、我的美麗如花的肉。你爲什麼害怕我？你爲什麼害怕這個迷人眞理？眞理越有毒，越有味兒。馬克斯主義宣傳了一百年，才出了你們這幾位破寶貝救主。鴉片煙沒人宣傳過一個字，它的忠實信徒有三千萬。懂得麼？越有毒，越夠味！越掛勁兒！越叫人醉！不要怕我，你應該好好享受我、嚐味我，只我最了解你。只有女人最了解男人。只有女人最能叫男人遍體舒貼。你拿著紅旗子，做了中國列寧，也換不到這種遍體舒貼。你應該要我，要我！你應該放棄滿腦子的怪理想、臭理想、不值錢的理想。你選吧！一邊是一個漂亮女人，一個高高在上的社會地位，一堆能叫你住洋樓坐汽車的金錢，一邊是你那本又破又舊又爛狗屎不值的資本論。你挑吧！你究竟挑哪一樣？——我聽你一句話。」

這一陣急雨爆發完了，她妖媚的笑著，扭著花蛇腰，一步步的、慢慢的、沉重的，向他走來，姿態又古典、又巫魅。包裹她胴體的那色閃光紫紅噴吐一條條火燄，像百十條長長火紅蛇舌。在一簇簇鮮紅蛇舌搖顫中，閃爍著她那雙邪氣的黑眼睛。它們現在更邪惡，更黑了；也就是這種無底一片黑，一片邪惡，再塗抹上那片帶毒味的笑，這才產生無數條鉸鏈鉤，兇厲的要鉤住印蒂深處那條隱隱約約的尾巴。她終於走近他，和他眼對眼、鼻對鼻、嘴對嘴了。她身肢突然狂燒起一片肉香，她妖圓的胴體像一支旋轉的立體圓柱，構成五彩神話影片裡一連串蒙太基香艷。一支熱騰騰白花花肉孋孋的肉柱在猛烈旋轉、旋轉、旋轉，……所有旋轉的結果是：一陣山岳壓力，忽然壓在印蒂身上。

這片如狂如醉的肉柱旋轉中，加上剛才那片智慧金雨的衝天光芒，有一剎那，印蒂幾乎栽倒在這片旋轉中。但這只是短促一剎那。很快的，他咬咬牙根，立定腳根，內心產生一片莊嚴的超人意志。他猛然舉起手，狠狠推開她的身子，圓睜兩隻血紅眼睛，像無邊荒野暴風雨中憤怒的黎琊王，厲聲怒吼道：

「你蠻荒妖婆！你印度巫女！你毀滅人性的畜牲！你盲瞎無恥的娼妓！關起你狼吞虎嚥的眼睛！收回你專舐男人污穢的舌頭！閉住你污水溝樣滔滔流滾的嘴！靜止你蛇樣

妖舞的有毒肉體！我要打爛你的眼睛！砸碎你的骨頭！撕碎妳的胸膛！我要剝你的皮、吃你的內、喝你的血！你敢侮辱生命。踐踏生命的尊嚴。糟蹋生命的神聖。你敢蔑視生命理想。唾棄生命眞理。醜詆偉大先知。你個天打雷劈的破垃圾淫婦，你知道生命來自怎樣黑暗的混沌？人類來自怎樣黑暗的危險？爲了造就你這個臭爛婊子，生命曾怎樣用陽光溫暖你？用大地呈托你？用藍天抬高你的眼睛？用鮮花來美化你的心靈？生命曾歷盡怎樣艱辛，造成你的血、你的聲音、你的動作？爲了造就你這副黃鶯簧舌，你頭腦裡的這點機智，你原始祖先經過多少千萬次的心靈奮鬥？掙扎？痛苦？爲了造成你這點思想的獨立性和自由性，爲了造就你這個近代人的一點個性自由，多少千萬先驅者留在夜裡流血？在荒漠裡流淚？在黃沙裡死去？爲了要把像你這類妓女從火坑底救出來，把你的姊妹們從黑地獄裡拖出來，多少千萬正義者，過去曾爲你們流血而死？現在也正爲你們流血而死？將來也要爲你們流血而死？千千萬萬人用血淚換來的一點獨立、自由、個性、思想、正義，你利用它們來發展這一套比砒霜還毒的理論。這一套比洪水還可怕的思想。生命完成你，你回過頭來，一手扼殺生命。千千萬萬死難的先驅者要提高你的幸福、智慧，與人性尊嚴，你卻翻臉無情，百般凌虐，千般糟蹋他們。你不是侮辱生命，你不是侮辱先知，你是謀殺人類！你謀殺人類千百年來的理想！你謀殺整個歷史結晶成的文化！生命不是享受。不是玩弄。不是歡樂。不是官能麻醉。不是母狗樣亂滾在淫樂的床上。不是紳士樣戴著雪白手套。不是論斤論兩在靈魂交易所爭吵。不是讓金剛鑽在手指上發閃發亮。讓翡翠寶石在耳邊玎璫燦爛發光。生命是無休止的痛苦。無休止的鬥爭。無休止的創造。無休止的正義感。無休止的神聖憤怒。生命是永無終結的痛苦與鬥爭！痛苦與鬥爭！痛苦與鬥爭！生命是永無止境的連綿痛苦！痛苦！痛苦！……」

說到這裡，印蒂再說不下去，一片淚水奪出他的眼眶。

聽完他的話，她一聲不響，低下頭，沉下眼睛，蒼白著臉，輕輕的，幽靈似的，走到門邊。正要打開門時，她驀地回轉身，幽靈似的，又走到他面前。眼睛不看他，卻用一陣低沉得近於嘆息的聲音，極緩慢極緩慢的，夾著長長停頓，說了三句話：

「……我——知道你的意思。……我——去了。……我——不會加害你。……」一滴眼淚掛在她頰邊。

一陣門響聲。

她去了。

印蒂頹然倒在沙發上。

三十分鐘後，他酒醒了。偶然想起剛才那一幕，他渾身抖顫，好像一個守財奴被騙，把自己所有藏金窟展露給一個陌生人。

在無窮恐怖與黑暗中，他偶然看見一點閃光：掛在她頰邊的那滴最後眼淚。

不管這個罌粟花型的女人有沒有信守最後諾言，加害他與否，印蒂的末日大審判終於臨頭。貓頭鷹們對他的忍耐，已超過最高限度。這個倔強機警的年輕人，已使他們所有甜蜜蠱藥失效，他們決定用苦藥，甚至毒藥。從甜到苦到毒，其實也是他們的正常三部曲。要叫一個人跪下來，或者施用一種藥水，叫膝蓋頭那塊硬骨癱軟，或者乾脆打折它。

於是，一場長時間談話後，頭目們所發的最後通牒也被印蒂拒絕時，那道一直深垂的黑色幕布，終於殘酷的扯起來了。

一個深夜，他被幾名便衣漢子押到陰暗地下室。兩盞大馬燈內吐出的昏黃光燄，絞纏了一切，霧圍慘淡而暈眩。一踏進這扇黑色小門，就像跨入一座機器工廠；比那些黑壓壓機器更恐怖的，是一些光怪陸離的刑具。他似乎又回到幾年前那座兵工廠，到處是黑暗而冷硬的鋼鐵，和一片謀殺式的轟鳴聲。這裡沒有轟鳴，但森冷靜寂中，卻湧出比馬達聲更猙獰的聲音，似乎在狂喊：「啊！謀殺！謀殺！謀殺！謀殺！……」老虎凳子像鍘床，水龍皮管像輪帶，電椅陰森森的蹲在一隅，十幾條皮鞭子掛在牆壁上：似一條條長長黑蜈蚣。火爐內發出紅紅火燄，炮烙用的鐵鉗子搭在鐵爐架上，一些夾棍與一些捶杵式的木棒，堆在牆邊，一些長長棕繩蛇樣蜷臥地上。像馬戲教練似地，空中懸掛一些鐵吊鈎，在一個牆角上，高高屹立一口黑色巨櫥，櫥內不知放了些什麼瓶子和器械，……。黃慘慘燈光下，陰森森冷氛中，在成群結串兇獰器械的威脅下，印蒂被幾個漢子推進來。他不禁聯想起中古世紀宗教裁判所內的醜辣內景，歷史上永垂不朽的里斯本苦刑室，哈瓦那的黑暗地牢，那些黑色臉罩，黃色頭巾，那些燒紅的鐐銬，黑稜稜的巨鑊，紅毒毒的談火，那些無日無夜的皮鞭聲，……

聯想旋即被砍斷。他被高高吊起來，兩根蔴繩緊緊縛住他的拇指，一陣徹骨痛楚從手指上爆發。一條魁梧漢子從壁上取下一根皮鞭，陰狠的走到他面前，皮鞭尾稍突然掠他臉上撩了撩，又在他眼前幌了幌，一個粗嗄而兇厲的聲音，獵犬樣嗃吼起來：

「姓李的，你招不招？你招不招？……你招不招？……」

被吊在空中的人，啞默得像一塊石頭，啞默然而憤怒的石頭。

粗嗄而兇厲的吼聲又響了：

「姓李的！你招不招？你招不招？你招不招？你招不招？……」

被吊在空中的形體依然是一塊啞默石頭。

忽然，哮虎似的，皮鞭子怒睜睜的狂吼著，瘋吼著，張牙舞爪的撲過來。它在印蒂身上狠奔著、蹦著、跳著、輪滾著、蛇舞著，衝到他頭上、臉上，撞擊他的肩肌，撕他的三頭肌，咬他的闊背肌，箭貫他的腹肌、股伸肌、縫匠肌。一鞭一條血。一鞭一條青。一鞭一條紫。印蒂眼瞠迸出一簇簇金星，鼻子一陣陣腥、酸、黏。耳邊先是一片片發怒的蜂鳴，不久，又變成一串串矻磕的雷聲，不斷在耳輪內轟。腦子裡不斷打著閃，一陣亮，一片昏黑，又一陣亮。頭顱內像裝滿辣椒水，每一根神經纖維全熱辣辣的，且脹滿一種可怕的怪味，要開裂，要天翻地覆。他被高高栓吊著，似「烏盆計」裡死了的寃魂，悠悠蕩蕩飄颻空中，被鞭影圍攻。從大拇指到手，從手到腕到上前臂，一大陣麻痺漸漸瀰漫開來，終於淹沒它們。兩條膀子無聲無臭的離開他。皮鞭嘒叫，嘌疾的揮舞，擂晃，一大陣粗暴的霰石急打他，無數鋼鉗子鉗咬著他，一根根肋骨硬睜睜要被扭斷，一塊塊肉被急擲到火車鋼輪下猛輾，又被投入機器風磨上猛磨。磨著磨著，一陣陣火從毛孔底噴出來，一陣陣煙出七孔六竅噴出來。週身血液要衝到皮膚外面，叱吼著要「衝出去！衝出去！」要離開他。繼而煙消火熄。一大股高熱冷卻下來，血緩慢了，幽幽凍結了，生命背叛他了，生命停盤了，止擺了。

「姓李的！你招不招？你招不招？你招不招？」

「姓李的！你招不招？……你招不招？……你招不招？……你招不招口？……」

那個魁梧漢子瘋狂的揮著鞭，一面揮，一面吼，兩眼燃燒得像兩塊紅炭，眼珠子凸得要彈射。他似乎不是揮鞭，是扮演一台最瘋狂的機械與機器，並不是一個人在瘋狂動作，是一架盲目鋼鐵機器在瘋狂動作，在跳、蹦、吼。

六七分鐘後，另一條大漢子接替他，繼續鞭撻。

皮鞭子不斷揮舞，咆哮、閃爍……

鞭打吧！鞭打吧！鞭我的頭！鞭我的臉！鞭我的眼！鞭我的嘴！鞭死我吧！鞭死我吧！你們可以把我鞭成碎片，你們不能把眞理變成碎片！眞理是鞭不死的！光明是鞭不死的！仇恨是鞭不死的！革命是鞭不死的！鞭死的是你們那群發臭發霉的靈魂！是你們那群又髒又爛的心！鞭我吧！打我吧！屠殺吧！謀害吧！歷史是無從謀害的！正義是無從謀害的！良心是無從謀害的！秦始皇曾放一把大毒火，要謀害古代眞理，要燒死古代眞理。千百年來，被萬人踐踏的，是秦始皇畫像，被萬人鞭屍的，是秦始皇的靈魂；秦始皇陵墓荒禿得連野狗都不屑一顧，但他謀害過的古代眞理卻被萬人供奉！鞭我吧！打我吧！鞭打我吧！把我鞭成萬段吧！一千九百二十幾年前，古代羅馬曾無日無夜鞭打基督教徒，鞭死千千萬萬信教者，可今天死了的是羅馬帝國，活著的是基督教！古羅馬暴君紀念碑早被歷史鞭打成一片糞土，十字架卻從羅馬遍掛全世界！鞭我吧！打我吧！笞我吧！痛撻我吧！打破我的頭，我有眼睛！打破我的眼睛，我有嘴！打破我的嘴，我有呼吸和生命！打破我的呼吸和生命，我有心！啊！心！我有一顆滾燙發熱的心！我有一顆活蹦活跳的心！我有一顆比原始太陽火還熱的心！這紅艷艷的心，你打不死！打不死！這顆心，曾活在把路易十六腦袋擲給人民的那群法蘭西人的身上。這顆心，曾活在把希臘人打倒在撒卡里亞河畔的那群土耳其人身上！這顆心，曾活在把尼古拉皇族絞死的那群俄羅斯人身上。這是人類精神爝火的心！這是歷史的心！你打不死！打不死！打不死！

皮鞭子繼續咆哮著、暴舞著，……

「姓李的？你招不招？……你招不招？……你招不招？……你招不招？……」

抽吧！抽吧！抽死我吧！我不要屠宰場的和平！我不要奴才的眼淚！我不要吸血螞蝗的同情！打吧！打吧！打死我吧！啊！主！你給萬物以光，你給人間以熱，你給我們以生命以財寶，可我不要金山銀礦！我不要雕樑畫棟的宮殿！我不要有夜鶯歌唱的花園！我不要千萬人的采聲！我不要詩，不要酒，不要琴聲，千千萬萬東西中我不要，我只要一個東西——最深沉的、深沉的、深沉的，深沉的痛苦！

啊！我要透頂玩味痛苦的光色！純端咀嚼痛苦的鹹腥！我要把痛苦改進成一條馴獸，囚禁在我精神的牢籠裡，變成我的家族，我的兄弟姊妹！

鞭打吧！鞭打吧！鞭打死我吧，在鞭打中，我看見默罕穆德一手執劍，一手捧經，在阿拉伯沙漠上赤足狂奔。在鞭打中，我看見三閭大夫顏色憔悴，形容枯槁，鬼魂樣盤旋於汨羅江畔。在鞭打中，我看見聖保羅昂首走進羅馬！在鞭打中，我看見瞎了眼的高漸離舉筑猛砸秦始皇。在鞭打中，我看見豫讓吞炭，週身漆成一片墨黑。在鞭打中，我看見斯賓諾莎勇敢反抗教會，被驅逐到黑夜大街上，一個兇手向他拔出刀子。啊！我看見唐玄奘掙扎在滾滾大漠流沙中，仆倒到地上，又掙扎著爬起來。我看見英國少女投身到皇帝馬蹄下要自由，寧讓馬蹄踏死。我看見巴斯加在實驗室裡，舉起顯微鏡，冷靜的凝望細菌。我看見黑奴狂舞，林肯倒臥在血泊中。我看現居禮夫婦蓬頭散髮，滿臉煤煙，忙著從瀝青礦石中提煉鐳錠。我看見列寧風癱在克里姆林宮病床上，抖抖顫顫的掙扎著用左手簽署公文。……

在鞭打中，我聽見釋迦牟尼在菩提樹下結跏趺坐四十八日時的憤怒發誓聲：「我今若不悟得無上金獅子大菩提，絕不再起此座。」在鞭打中，我聽見耶穌在十字架上對行刑者的偉大聲音：「我憐憫你們！」在鞭打中，我聽見在水底鞭楚平王死屍的伍員的吼聲：「昏君！昏君！你也有今天！」在鞭打中，我聽見古代斯巴達母親對戰士的聲音：「或者勝利回來！或者死屍回來！」啊，我聽見聖女貞德被火燄焚燒時的聲音：「上帝，是你創造這個美麗世界的，究竟它要幾時才可以預備接受你的神聖呢？」啊！我聽見哥白尼在教士辱罵中的堅定聲音：「地球是繞太陽旋轉的！」我聽見在監禁中瞎了眼的衰老加利略臨死時的最後呼聲：「我雖然簽字宣誓地球不動，但地球它自己還在動啊！」我聽見雷奧那多達文西老年孤寂的聲音：「即使全世界人永遠不知道這是眞理，『我』是『知道』的。」我聽見丹東在斷頭台上的最後聲音：「把我的頭拿給人民看吧！我的頭是値得這樣的！」我聽見貝多芬的粗大聲音：「通過痛苦的歡樂！」……啊，我聽見千千萬萬巨大靈魂的聲音：「生命是一個痛苦的力！一個不朽的痛苦創造！去！去！去！去！

到煤礦井底層去找人性！到遠古農奴的黑暗生涯中去找神性！到無數千萬人饑寒哭泣聲中去聽人間聲音！到荒年大饑餓把最後一塊餅子送給鄰人的農民身上去找上帝！去！去！去！去交出自己！交出自己！在打碎牙齒的嘴裡，會吐出永久的花！從噴鮮血的破爛胸膛中，會噴出不朽的福音！在血肉大糢糊中有大復活，在大痛苦裡有大創世紀！在五馬分屍的最深虐殺中有大救主！」

皮鞭依舊在揮舞、在嘯吼、在衝滾，……

啊！這一片又一片不是鞭影，是全人類苦難的黑影！這響著的不是鞭子的聲音，是人類受苦受難的聲音！這飛舞的鞭子不是鞭打我，是鞭打神聖信仰，是鞭打光明聖潔，是鞭打眞理和正義！這是一個鞭打神聖信仰的時代！這是一個鞭打光明聖潔的時代！這是一個鞭打眞理正義的時代：

啊！你鞭打著！你爲什麼打我？你爲什麼打我？我們不都是人類？我們不都是兄弟？你爲什麼揮鞭不停？抽撻不停？你兩眼爲什麼那樣兇？那樣毒？那樣狠狠輪著呢瞅我？你的臉紋爲什麼那樣冷酷？陰鷙？殘忍？啊，你揮鞭者！我們不都走在同一星光下？同一藍天下？我們不都住在同一個地球上？晒同一個太陽，喝同一種水？講同一種語言？同樣被父親愛？被母親撫摸？被姊妹體貼？被朋友惦念？你爲什麼揮鞭不停？抽撻不停？啊！你抽撻著！你不也是主人的奴隸？統治者的被統治者？你不也活在污泥裡？沉淵裡？

你爲什麼毒打來解放你的人？你爲什麼兇抽爲你找明天的人？……啊！你蠢徒！你奴才！你畜牲！我詛咒你！我蔑視你！你活該被奴役、過牛馬日子！你活該在陰溝裡滾、在糞土裡爬！你是天生的奴才！自作孽的賊骨頭！一個小錢不值的破垃圾！人皮都把你裹糟蹋了！人眼睛都給你看糟蹋了！你活糟蹋大米，你活著就是糟蹋人！打我吧！打死我吧！我輕蔑你！……啊！你鞭打者！我的兄弟！我的朋友！請原諒我的粗暴吧！這不是我要粗暴的！這是痛苦要我粗暴的！啊！我渾身眞痛！痛！痛極了！我快痛死了！可我不怪妳！不怪你！啊！我的兄弟！我的兄弟！我不怪你！你和我一樣，靈魂肉體早也被綁得緊緊的。你自己也不知道自己是在做什麼！我原諒你！我原諒你！你打吧！儘管打吧！打吧！叫我皮開肉綻吧！使我渾身是血吧！啊！兄弟！我的兄弟！我依然從心底愛你！愛你！啊！我愛你！愛你！愛你！——因爲我們都是同一個人類，同在一個星球上啊！

……

鞭子仍在舞、在爆，他的肉體在爆，他的靈魂也在爆。一團團一片片肉彷彿要飛彈出去，像飛沙走石。他整個人似被扯成碎片，作紅蝴蝶舞。他的靈魂經歷一片空前絕後的境界，好像回到地球原始，地球才形成時的黑雲狂風急雨兇烈攻打他、錘擊他、猛衝他。在大痛苦大恐怖中，他的靈魂淋了潮，發出巨大潮吼聲。他的靈魂終於完完全解放了。

他一吹次昏暈過去。

好一會，他醍醐式的又被喚醒。一陣涼水正兜他頭上澆潑下來。

他才睜開眼，鞭子又飛舞。

不久，他又昏迷過去。

一陣涼水又把他衝醒了。

接著，又是一陣鞭影的晃動。……

六

印蒂躺在黑暗裡，睡在痛苦中。他這樣躺著，不知道有幾天了。這一串日子，他知道其實很短，但在感覺上，卻像有幾十個世紀。幾十個世紀的黑暗與災難，似乎都壓在他身上。這幾天中，有一次，借著微弱光亮，他低眼對全身看了看，只見兩隻拇指腫得像拐杖粗，渾身像一團膨脹的麵球，雪白掛褲變成一件火紅火紅的旗幟，一扇平日他心愛的那個國家的旗幟。它紅得那樣強，他不敢再看下去。他閉上眼睛，白天從此再不敢凝望自己肉身，只在黑夜，才偶然睜開眼。他不能看。但身軀自己卻長了眼睛，把自己看得清清楚楚。這一雙眼睛，就是血紅的傷口，血紅的痛苦。傷口看清自己一切。痛苦看清自己一切。他週身浴在鮮血裡，先是一片黏濕，接著，血乾了，破爛的創口漸漸收縮，皮肉與衣褲結成一片。全身似有鋼銼子不斷銼，發生尖銳的斷續刺痛。這種刺痛，只要他一清醒，就狂猘的包圍他。這樣的不斷裂痛，一連繼續五六天，這以後，才漸漸遲緩，由以秒為單位的速度遲到以分、以刻、以時，……。他不敢想像自己的肉體形狀。它們應該是一個原始蠻人的紋身，紋飾一條條青色蟒蛇與紅色盤龍。這些青蟒和紅龍，宛若蜷盤宮殿巨柱，死死纏裹住他，且不斷咬噬他。他不敢相信，自己身上還有多少平坦面，它們應該和風乾而開裂的山澗一樣，崎嶇而坎坷，又像一片被彈面的炸後牆壁，怪醜憎人。

印蒂躺在夜裡，睡在創傷中，張開眼睛，凝視黑暗。望著望著，一陣又一陣的眼淚湧上臉。遍體傷口鋸齒樣鋸他，渾身骨頭似乎都被鋸碎了，但這還不是最高的痛苦。另有一種比血傷還巨大的扭力在折磨他。由於這一神秘扭力，眼淚才不斷湧上臉。眼淚並不是一滴滴的、一串串的，而是一大汪一大汪的、衝洗他。他不知道它們為什麼會流出來。他絕沒有嗾唆它們流。世界上沒有一雙人眼睛，能洞見這些傷痕，這些眼淚。他自己橫陳黑暗中，同樣也看不見。然而，它們還是流出來。他的眼眶子在夜暗裡睜得越大，它們也流得越兇。

啊！眼淚！眼淚！霪雨式的眼淚，山洪式的眼淚！你們為什麼要流？我並沒有哭，我並沒有哭啊！你們為什麼落個不停？瀉個不住？我並沒有叫你們流，我從未發願叫你們流，你們爲什麼還在流？還在滾？你們怎樣衝出來的？你們從哪裡流出來的！啊！流吧！暴雨滂沱吧！山洪爆裂吧！可你們爲什麼流得這樣靜？這樣沉默？一點聲息都沒有？啊！你們從一口永不涸竭的泉裡流出來，究竟要流到什麼時候？流往什麼終點？啊！你們從我唇邊擦過去了，味道這樣鹹、有點腥，又這樣苦、可很酸，然而又這樣甜、這樣暖和！啊！我怕！我害怕！停住吧！停住吧！你珍珠的眼淚！你琉璃的眼淚！你控訴的眼淚！你地獄的眼淚！停住吧！停住吧！你們不是流！你們是在刮我的骨、熬我的油，你們是在凌遲碎剮我啊！

這不是眼淚，是人類受難的聲音：無聲的聲音。這個啞默的聲音，從毒煉獄底層的泥土裡洶湧出來，從痛苦的地腹核心處噴起來。那個把耶穌血淋淋屍身從十字架上揹下來，給他默默埋葬的麻搭拉妓女，曾在夜裡流過這個聲音。那個決不定應該把刀子戳到一個朋友心裡，還是讓他拿刀子戳到羅馬自由心裡的布魯特斯，在輾轉反側的夜裡，也流過這種聲音。那個爲發展人類文明心靈而吞瓦片、石頭、蛇蠍，破衣赤腳行乞的叫化子武訓，曾經在夜裡流過這種聲音。那個襲擊沙俄暴君的蘇非亞，未佩鎗出發之前，也該流過這種聲音。這是迷失小羊找尋母羊的聲音。這是「今天」呼喊「明天」的聲音，道是黑暗蛻變光明的聲音。這個軟弱聲音，是一切大風暴的先驅者。因爲人民流過淚，凱撒主義才隨凱撒倒在羅馬神廟祭壇上。因爲人民流過淚，馬丁路德才當著千萬人撕毀教會的赦罪符。因爲人民流過淚，路易十六的腦袋才高掛在斷頭台上。因爲人民流過淚，羅曼諾夫皇朝的華胄們才在異鄉咖啡館裡賣唱。……聲音不會白響的。眼淚不會白流的。眼淚流得多的地方，也就是復仇祭旗掛得最普遍的地方，也就是復仇鮮血流得最多的地方。那些必須爲人民眼淚負全責的暴力，命定要淹死在眼淚海洋中的。

然而，在無聲的聲音中，一個有聲的音籟在印蒂心中響了：

我爲什麼要滿身血淋淋的，躺在創痛裡？我爲什麼要受苦？我爲什麼要死？

世界是靜靜的，人類是靜靜的，歷史是靜靜的，森林是靜靜的，——但我卻要死。

藍天是美麗的，河流是美麗的，少女是美麗的，愛情是美麗的，——但我卻要死。

孩子們在草地上跳繩，母貓在太陽光裡舐小貓，蝴蝶在花間飛，水手在海上唱 Paloma，——但我卻要死。

豪華大筵席上正在上第十一道菜，高貴客廳內正在打橋牌戲，被沙龍裡文士們正在喝咖啡，嚼朱古力，談伊利沙白時代文學，——但我卻要死。

在倫敦，高帽紳士們正吸著黑板煙，揮著黑手杖，牽著英格蘭潘因特種狼犬，在海德公園悠閒散步。在巴黎，大歌劇院裡正飄出「蝴蝶夫人」。在紐約，人們正瘋狂的沉醉於黑人爵士舞裡。在東京，銀座的燈火正輝煌如白晝。——但我卻要死。

武家坡的西皮流水板正響徹大舞台，輪盤賭正轟鬧於大賭場，Draga 的小夜曲正飄散於少女窗前，參加夜舞會的貴婦正在明鏡前扣著髮針，銀幕上正出現嘉寶和吉爾勃的熱吻鏡頭，教堂裡大風琴正奏出和平的聖母頌。——但我卻要死。

我爲什麼要死？我爲什麼要死？我爲什麼要死？我爲什麼要受苦？要受苦？要受苦？

千千萬萬人享受快樂、和平，我爲什麼要躺在痛苦裡，犛牛樣在床上哀吟。血不斷從裂口淌出來？千千萬萬人在荒淫、在無恥，我爲什麼要扮演阿特拉斯，單獨把一個地球揹在肩上，獨自忍受苦難，讓自己被壓扁？我爲什麼要孤孤的被投入刀山？拋下油鍋？受刀尖剜？給煉油熬？被毒火燒？從世界這個黑小角落裡漫出來的眼淚，爲什麼命定的唯一觀衆，只有黑暗，此外再沒有別人？啊，信仰這頂荊棘冠戴在我頭上，已有許多年了，可今夜它爲什麼這樣重？啊，重極了！重極了！我實在戴不動了！不、我簡直挑不動了！挑不動了！全部人類歷史的苦痛，都壓在我身上了。一整個世界，壓在我身上了。我支撐不住了，我忍受不下去了。啊！你蒼天！你偉大的昊天，獻給我盤古氏斧闢天地的神蹟吧！解脫我吧！我必得被拯救！被拯救啊！這樣深的傷口，這樣沉的裂痛，千萬隻獅爪在撕我，千萬隻牙齒在咬我。那些猶太、那些桀紂、那些吸血鬼，他們一個個都從我傷口裡跳進來了，他們要給我最後的致命一擊！啊！你鈞天的造化！你鑄造宇宙的造化！是誰？是誰？是誰惡意錘造出這個險惡世界？這個罪孽人類？叫人千世沉墮？萬古受苦？啊，你撫育萬物的大地！我不是你嫡系的忠實兒女？你爲什麼忍心袖手旁觀，這樣冷靜，像一塊從不會發聲音的原始龍化石？啊，黑夜！你白晝的雙生姊妹！你爲什麼這樣黑毒而兇殘？把我幽在一口無底洞裡，你就像千萬幅史前人描繪在洞壁上的巫覡化裝施術圖，對我發出「黑的魔術」的可怖威力？啊，人類！你們爲什麼離棄我，把我拋在痛楚大戈壁裡，叫我孤零零忍受荒暴大風砂的笞撻？啊！「殘忍」！「愚蠢」！「荒唐」！你們的名字統統是「人類」！啊，「人」啊：第一個創造你這個字的人，我要永生詛咒他！扯碎他！啊，你宇宙！快崩裂吧！你不滅恆星，快熄滅吧！停止旋轉吧！讓我的孤寂變成一陣史前大冰期，把地球上一切生物毀滅乾淨！讓我的痛苦變成世界末日大審判，來拷問來懲罰全人類的靈魂！懲罰吧！懲罰吧！毀滅吧！毀滅吧！一切都毀滅吧！——讓全地球開一座毀滅大舞會吧！

……………………………………

黑暗中，半空突然響起一片憤怒的巨大聲音，印蒂聽出它是在對他怒吼：

「誰要你這樣喊叫的？你是什麼東西，敢毀滅這個？毀滅那個？你有什麼權利，敢詛咒這個？詛咒那個？你遭受到什麼了不起痛苦，這樣吸吸不休，籲天呼地？你身上劃下多大傷口，這樣叨叨叨不斷哀吟？不斷喋喋？在你以前，千百萬人的痛楚，比你大一千倍！深一千倍！在你以後，千百萬人的創口，將比你紅一萬倍，寬一萬倍！和你同時，就是現在，萬萬千千的取火者，和你同樣血跡斑爛，在地上滾，在灰土裡爬，在荒漠裡奔。他們和你一樣，望著同樣的黑暗，咽著同樣的酸楚，流著同樣鹹的眼淚，你有什麼特別優先權，敢特別誇張自己痛苦，把自私的個人怨毒塗遍那有暗也有明的天地？你有什麼資格，敢把報復性的唯我主義毒化人類？你有什麼理由，敢把那已經埋葬了的浪漫蒂克的英雄畫軸，再從暴君陵寢內拖出來，向革命行列展覽？去死吧！去滾釘板吧！去跳奈何橋吧！去進枉死城吧！上各各他，揹十字架去！進但丁煉獄，被毒火熬鍊去！登普洛米修斯高峰，被巨鷹啄心肝去！推席斯孚司的永恆大石去！讓傷口變成旱魃年的乾裂溝塹！讓牙齒被打碎！讓骨渣子被打爛！讓一千座一萬座痛苦大山岳樣壓扁你！讓痛苦變成你身上的「羅裟法衣」，和你的皮肉結成一片，分不清是痛苦，還是你的血肉！讓成千成萬個死包圍你，讓成千成萬個苦淹沒你！你應該受難！受罪！受苦！你應該死！你應該死！你應該死應該死應該死！死！死！死！死！死！……」

『啊！可這一切為了什麼呢？』印蒂幾乎是掙扎的問。

『為了愛！』

『妳是誰？你叫什麼名字？』

『我的名字是——「聖正義」！』

突然，不知道源於什麼動力，印蒂瘋子樣滾到床下，匍匐在地上，像一個跪在阿拉伯沙漠上向眞主禱告的回教徒，他被一片最神聖的莊嚴所征服了。

週身創傷發出一陣徹骨大痛楚，加上一大潮感情的過度激動；不久，他迷迷糊糊的昏暈過去了。

七

當印蒂再甦醒時，發覺自己又躺在床上。一個灰白頭髮的老人坐在床邊。他顯然是被後者搬扶上床的。

迷迷濛濛曙光中，印蒂向四周望去，像阿拉丁失去神燈，發生一種魔術式的巨大變化，那間華麗寢室早不見了，他是住在一間斗室，環境肅然，除了一張木板床，床畔一隻骨牌方櫈，什麼家具也沒有。枕頭被子與褥單倒是乾淨的。從床對面的一扇鐵柵欄小小窗口，射入一片天光。

印蒂一眼看出，老人就是那個僕役，特別派來照料他，每天爲他送三餐和茶水的。他年約五十開外，平常沉默寡言，除規定工作外，盡力避免和印蒂接觸或談話，似乎忌諱什麼。他年事唯漸高，身體倒茁壯臃胖，口齒清楚，手腳靈俐，有一雙慈和卻犀利的牯牛眼睛。這雙並不昏花的眸子，看見印蒂被幾個便衣人物押進來，軟禁在華麗房間裡，被一次又一次請去談話，被一些要角接二連三訪問，被頭子們擺酒設筵款待，被甜言蜜語餵飼，被艷麗女人睞顧，——最後，則被打成一片血肉淋漓，抬到這間囚室內。它們看西洋鏡似地，默默觀照這一切，異常冷靜，似乎看得太多太多。但今晨在慘澹的曙曦中，它們卻第一次閃灼有點激動的火芒。

他默默凝視床上的人，多皺的面頰透了點紅。

印蒂在床上輕輕翻動身子，不時「呀」的喊著，只要稍一轉動，創口就痛如刀割。

「不要急，我會再給你一些止痛藥和消腫藥的。」老人輕輕說。

「謝謝你。……謝謝你。……」印蒂有氣無力的說著。

被拘入這個秘密窟以來，印蒂刻骨的感覺之一，就是：這裡的人，從頭目到嘍囉，都把政治犯看成毒瓦斯，不約而同，戴上一層防毒面具，它就是傲慢的冷酷。即使那些貓頭鷹頭目們排筵款饗他，對他最甜膩膩的做功夫時，他也能透過一層薄薄甜膜，呼吸到這種化學的防毒藥味。頭子們翻臉後，這種藥味直衝雲霄，更不必說了。在這種環境下，這個頭髮灰白的老人，似乎也不免受了傳染，至少，在他看來，老人平日對他總存戒心，態度也顯得冷淡。今晨，坐在他床邊的他，似乎另外換了個人，一個毫不戴防毒面具的人。老人彷彿絲毫不害怕他了。他很有點感動。他不只從對方表情上，也由一些事實上，作出上述的判斷。他完全相信，醫治他的創傷時，老人是盡過一些力的。不過，此刻他並不讓自己感情流露出來。他不開口，祇是等待，等待這個人除下防毒面具以後的動態。他並不相信奇蹟，但從他過去讀過的許多書裡，他糢糢糊糊感到。在這個混亂世界上，有時，確實是有奇蹟的，他所等待的聲音，終於出現了。

「先生，……您這樣不行，……得想點辦法。」

老人慢吞吞的，沉重的說，聲音微微有點欷歔。

印蒂沉思了許久，有點無聊的道：

「有什麼辦法呢？」邱蒂說著，又輕輕「呀」了一聲。渾身眞痛呵！

「沒有辦法，也得想辦法。」口氣稍稍堅決。

「沒有辦法想辦法，——也還是——沒有辦法。」印蒂幾乎絕望的低低說。他閉上眼睛，竭力忍著傷口疼痛。

老人望望印蒂，懷著無限憂鬱。「不行，你這樣下去，即使不被判決死刑，也等於被處死了。」停了停，又如了一句：「比判死刑還要苦。嗯！」

老人低低告訴他：許多年輕人抓進來，先總是軟誘：用地位、金錢、虛榮、女色、利害；軟誘不行，繼而動刑。這裡的刑具，可以成立一個博物館。最秘密最毒的幾種，連他自己進來好幾年，也探聽不出，大約只有發明者與施用者自己心裡明白。犯人只要稍稍動過幾次大刑，即使不死，大半也要變成殘廢和白癡。印蒂這次被吊打一陣，僅受了些外傷，還算較輕的刑罰。這是因爲，他們還對印蒂最後屈服存一線希望。假如用電刑，只要一次，生理機構，特別是神經部分，十九就走了樣子，不變成白癡，也可能半身不遂。其他刑具或傷內臟，或傷肢體，聾的聾、瞎的瞎、啞的啞、或手足殘廢、或變成癱瘓，即使萬一活著出去，也不像人了。在這種情形下，印蒂應該乘未正式動大刑以前，趕快設法。

印蒂不待對方說完，突然打斷他的話，憤怒的盯視他，狠狠道——這時，他不知哪來這股奇異精力，居然如此有力的說著。

「『設法？』你是要我出賣朋友，把朋友的血屍當大紅錦墊，好跪著向強盜叩頭？……」

老人連忙搖頭，「您誤會了。……我說『設法』，另外還有點意思。」

「什麼意思？」印蒂冷冷說。他又低低「呀」的叫了一聲。

老人溫和的解釋：照過去經驗，這裡對付共產黨，大抵不外三種步驟：先是誘犯人招實供。誘不成功，再用毒刑拷打逼供，假如犯人還未被弄死，就解到警備司令部軍法處，由那邊全權處理。在那邊，大約要受軍法審判，重的鎗斃，輕的判徒刑。這裡，既不會正式判決死刑，也極少正式鎗斃犯人，但死於非刑的，數日卻很多。印蒂現在唯一救星是：設法避免各種非刑。能通過這一關，直接被遞解到軍法處，即使有被正式處死可能，但也有被判徒刑的希望——他應該碰碰運氣。

聽完話，印蒂陷入深思中，掙扎了許久，像一隻命中獵人很多鎗傷而奄奄一息的野獸。他慢慢的，幾乎是自言自語的，絕望的喃喃道：

「可是，有什麼辦法能避免非刑呢？」

停頓一下，說不出爲什麼，他野獸似的激動起來，突然伸出手，興奮而抖顫的抓住老人雙手，熱烈而辛酸的極低低的小聲喊道：

「老先生！救救我吧！救救我吧！……救救我吧！……假如你能幫助我，幫助我吧！幫助我吧！」這時，他似乎完全忘記渾身傷痛了。他勉強克制熱情，低低自言自語：「是的，我並不怕死。……假如死絕對需要我，……我馬上可以把自己交出去，一根頭髮也不留的交出去！」語氣忽然轉變：「但我並不眞心情願死！我不眞想死。我並不眞想鑽墳墓啊。」猛然低低爆發：「生命是這樣可愛，活著是這樣美麗。人間是這樣魔魅！我不想死。我不想死。……是的，我要活。我要活！我還有那許多工作要做。我還有那許多日子要過。我還有那許多生活要嚐。我也還有那些許多生命報酬要取。我也還有那許多幸福要享受。我也要看看丁香花開。我也要聽聽雲雀歌唱。我也要摸摸少女胸膛。我也要在地中海泛舟，在拿波里灣看日出日落，……啊！生命從沒有給過我有血有肉的眞實報酬。我是這樣年輕。我是這樣年輕。……啊！假如我被打成殘廢，變成白癡。假如我被糟蹋成一個又瞎又聾又啞的怪物。」眼淚開始瀉出來，像一個基督徒跪著向上帝呼籲：『啊。老先生！救救我吧。救救我吧！我將永速銘感你，感激你，……感激你！感激你！」

老人騰出一隻手，輕輕撫摸他，紅著眼圈，極低低低的道：「這，說不上救你。……我也和你一樣，一個可憐蟲。是命運把我送到這裡來的。現在我只不過給你出點小主意，叫你少受點非人痛苦。……你別再難過。」驟然低卜頭，語調變得非常非常之低。「你別再發什麼響聲，現在天亮了，附近怕有人。」

老人先是側耳仔細諦聽，覺出四周沒有什麼響動，又踅到鐵窗口，見外面沒有什麼人，才稍稍放心，回到床邊。

「現在，我得走了。我待的時間不少了。下次告訴你我的主意。」

翌日，天不亮，老人走近床邊，低低對床上人耳語，說出他的「小主意」。他建議印蒂立刻開始絕食，他去報告。一有負責人來，印蒂就堅決表示，請求他們在下列三條路中，任給他一條走：㈠立刻鎗斃他，㈡准許他絕食到底，㈢讓他用別的方式自殺。老人再從旁供給他們參考消息，說印蒂一天裡已兩度圖謀自殺，一次把床單撕破了，結起來上吊，一次砸破飯碗，用碎磁片割喉管，虧他發覺得早，趕上去，阻擋住了。他也會危言聳聽，表示擔待不了這麼大責任，請求他們早點處理這個犯人。他們見印蒂死志極堅，可能會立刻把他解送到軍法處。過去，有一個犯人，不知從哪裡搞到一個刮鬍子刀片，用它割血管，被發覺後，第二天，就被解到軍法處。

老人說完，悲傷的嘆了口氣：「唉，一切都得碰運氣。……我們只是盡人力而為，做到哪裡算哪裡。……唉，可憐你年紀輕輕，哪受過這種大罪！又哪曉得人間會有這種大魔難！」

印蒂感動得說不出話，只靜靜流淚，緊緊抓住老人的手，似乎要把它扭斷。不到幾分鐘，他忽然鬆開手，冷冷凝視老人，奇怪的問道：

「我眞不明白，你爲什麼對我這樣好，你在這裡工作了許多年，心腸還這樣軟？」

老人聽了，楞了一會，接著，苦笑道：「『工作』？還不是混口飯吃。調來調去的。……改天和你再談，現在，我得走了。這兩包藥粉，你等會吞下去。凳子上有開水。」

以後幾天，斷斷續續談話中，印蒂才知道：這個秘密拘留所，民國初年就設立了，專囚禁特種政治犯。老人先在其他監獄中工作，因爲他老實可靠，前幾年才調到這裡。北洋軍閥下台後，新統治者的爪牙，對他這樣人，不大滿意，看樣子，不久將要調他出去。他低低苦笑道：

「這碗飯，我吃了快三十年了。就是一塊鋼鐵，也要軟化的。我看得大多了。」他低低沉思。「我是相信菩薩的。我還要積點德，修修善，修修來生呢！橫豎我在這裡待不長了。你走前，我要做點好事。……小兄弟，你放心，我不會難爲你的。」

說到這裡，老人突然抑制不住感情，幽幽的卻激動的道：

「先生！您放心，我雖然是個老粗，沒讀過書，但我明白您。（用手指指心。）嗯！心裡明白您。明白你們。你們都是好人，都是良家子弟，青年學生。你們犯了什麼罪？大不了散點傳單、貼點標語、做點演講。這算什麼！值得這樣忍心害理，百種花樣糟蹋你們。這哪裡是陽間，連陰曹地府閻羅五殿，也要比這裡亮得多……這種傷天害理的事，哪裡是人幹的。這哪裡是人的世界。世界上哪裡還有太陽。」

印蒂正想開口，老人突然止住他，放低聲道：「附近有腳步聲。我們不談了。」低低叮囑：「就這麼辦。記住，千萬別顯出和我親密，仍和平常一樣。我走了。」

從這天起，印蒂當眞開始絕食。次日下午，一個×委員來看他。他用最堅決的態度，向對方提出老人所暗示的三個要求。大約老人已加油添醬，早把印蒂尋死覓活的戇嘛勁兒，大事渲染一番。那委員聽了印蒂的話，用一種冷酷態度表示：可以考慮他的要求。

果然，這以後幾天，不再對他用刑。也沒有人再來麻煩他。

絕食到第四天上午，他們通知他，立刻押解他去受正式審判。印蒂聽了，臉上盡可能壓住喜色，卻低聲請求給他一餐飯，他顆粒不入，已經三天了。其實，他這個請求，是裝模做樣的，故意做作的。他的絕食只是一場假戲。每天晚上，老人都偷偷特別送幾個饅頭來，要他半夜秘密躲在被子裡吃。白天，臉上卻裝著捱餓神情。

午飯開來了，這是他在這裡的最後一餐飯。

躺了十幾天，雖然傷口未癒，渾身依然酸痛，但感謝他的特異健壯的身子，和老人偷偷送來的一些藥粉，他已勉強能爬起來，略略舉步了。

他想和老人談兩句話，做一點表示，但門外有幾個人，他不敢。無可奈何中，叫好藉老人正在擺飯當兒，靠近他，神色自然，卻極低低的只重覆一句話：「老先生，我永遠不會忘記你！我永遠不會忘記你！」

老人收拾桌子，背朝門，臉對印蒂，睜大那雙牯牛眼睛，像母親叮囑遠行孩子，極低低低低的，幾乎是耳語，似乎把全靈魂凝結成下面幾十個字：

「記住：將來自由了、騰達了、老大了，好好體諒和你今天一樣的年輕人。……再會！祝你運氣好！……」接著，忽然大聲罵道：「他媽的，快點吃！你這個鎗斃鬼！鬧什麼絕食，害得老子給你忙死了！你再不快吃，當心老子揍你！」

老人旋即大踏步走出門。

印蒂楞了二會，似乎從前面這幾句簡單言詞裡，偶然咀味到一部人類歷史的全盤涵意。

但這種哲學式的沉思只是一瞬。不久，當他聽見門外「篤篤」馬靴聲時，新的暗雲立刻遮蔽一切。他似乎隱隱聽見××警備司令部空場上一排又一排的鎗聲。

八

審判在進行。

死亡也在進行。

在這裡，審判只是死亡前的一種序曲和儀式。統治階級也要表現出他們的「人性」，也要顯示他們的「公道」。這「人性」和「公道」的僞裝品，就是法律與法庭。它們的眞正嘴臉——卻是一些秘密審判。在一九二七以後年代的中國，統治者到處表現這種「人性」和「公道」。這對他們是有道德意義的，藉這種舞台化的審判，沖淡被迫害者對死亡的恐怖。死者未死以前，在這種馬戲班式的審判中，至少還可以萌生若干幻想，（眞正判處死刑者，絕不正式宣判，）當沉浸意味的幻想還未消失時，突然一下子打到死亡裡——這是合乎「道德」的。

人們被分別囚禁於一些陰暗窄小的牢房裡。人們很少互談什麼。人們很少這樣深沉的咀味過沉默。在一些沉重迫害中，能自由發聲的是迫害者，不是被迫害者。在最沉重的迫害中，任何物質形式和肉體反應，也表現得很微渺。人只活在一種模糊的精神狀態中：一切只是一種影像。這影像又模糊，又巨大，它給予人力量。也正是這種力量，叫人覺得這是一個屬於歷史的時辰。這種偉大時刻中，死亡不能壓人沉默，叫人沉默的，是靈魂遭受的深邃侮辱。被淹沒在海洋式的侮辱中，人不可能豪華的想到死，一切哲學也現得襤褸，人只有一種沉悶的焦渴，一種曖昧的狂念，「讓我們快一點交出去。整個交出去。」——整個生命和血淚交給那歷史性的崇高本體。

然而，一種崇高的被完成，也不常常是一條直線，它也常有曲折的陰濕小路。死亡不能恫嚇信仰，但人性中的一些窟窿，它還可以鑽得進去。這就是爲什麼，當少數囚徒抓到較幸運的牌：被判決的不是死而是幾年徒刑後，他們會流出再生的眼淚，跪在地上，感謝那個他們從未相信過的上帝，讓一角明亮陽光裝潢在他們陰暗的臉上。……生命又可以延續了。只有在這種幾乎是絕境的延續中，生命才裸顯從未有過的美麗。這個時候，人想到人間，即使是原野上一朵最小最小的業已枯萎的白花，小河邊洗衣百上一角最污髒破爛的自由衣裙，也會叫人渾身抖顫起來。

當死亡眞來時，死亡並不可怕。難堪的是它未來以前的一些浮動時刻。這些時刻，人活在兩種絕對相反的情緒交流中：完全的希望和整個的絕望。一邊是大地陽光，一邊是死亡深淵。這兩極的衝突，構成矇矓的騷動和不安。生命從沒有這樣矇矓靉靆過。生命本來是清晰的，但一層死亡黑影卻把它烘染得模糊了。人們活著、掙扎著、傷獸樣困乏的走動著。死亡的陰影築成一些鐵的柵欄，一切活動與呼吸都局限於陰影中。

是夜裡了，人分外嚴肅。人在等待。一些浮動的死亡，就要具體的凝集起來。一些

「事」就要開始發生。人期待這一「發生」，但又有點怕它：這一切，彷彿是一個長途行脚的結束。這「結束」含有威脅性的慢慢踱來，但當人決心要抓住它時，它有時又奸狡的閃幌開了。夜從沒有這樣濃重過。世界也從沒有這樣黑暗過。在濃重黑暗中，從心之最深處湧起的悲哀，似鎔鑄成一種硬性的金屬種，它很糢糊，也在搖幌。人仍在等待，等待著……

「事」終於「發生」了。鄰室響起皮靴聲和鎗劍聲。幾個人被帶出去了。一種超乎死亡的更高嚴肅臏下來的死之漏網者輕輕嘆息。但這嘆息並不是輕鬆的。他們必須還得等待，等待——他們是爲等待而生的。在等待他們。

人們靜靜等待，傾聽。這是歷史的莊嚴時刻。

世界也靜靜等待，傾聽。

靜寂高懸空中，掛在黑暗裡。

……突然，一陣神秘騷音。一陣吼喊聲山洪樣爆發了，像耶穌在十字架上的最後喊聲一樣偉大，緊跟著是一陣炸裂的鎗聲。

——打倒國民黨！

——布爾希維克萬歲！

——共產主義萬歲！

——中國共產黨萬歲！

——全世界無產者！聯合攏來啊！

——共產國際萬歲！萬萬歲！

（砰！砰！砰！砰！砰！砰！砰！砰！砰！）

囚閉在暗室裡的人，不約而同，站起來，默默垂下頭，把最深湛的哀思與默念寫在黑暗和靜寂裡。

就當這時候，在這東方大都市的另外一些美麗角落，在那些綺艷暈醉的霓虹燈下，那些朱紅的鵝黃的雕樑畫柱中間，最後一支「維也納森林舞曲」正在瘋狂的鳴奏，那些穿小禮服夜禮服的紳士貴婦們，正瘋狂的跳最後一支華爾茲，最後一次奧地利的熱情！最後一次波希米亞的誘惑！布達佩斯的幻夢！藍色多瑙河上白鴿子蓮花樣紛紛飛舞。銀色的酥胸溫柔的偎貼銀色的蝴蝶結。法國可頌香水氣息優雅的氤氳於呢喃情語中。一些彩色絹帕輕輕拂拭雪白香額。一些夢幻的眸子飄在如幻如狂的音樂裡。

夜總會裡，鑲金邊的高腳盃碰響著，銀亮的酒液閃耀在華燈下。紳士淑女們轟飲著，歡笑聲山泉樣汨汨流。西班牙小夜曲優美的鳴奏。小提琴夜鶯似的歌唱，歌頌黃金色詩篇，歌讚象牙色愛情與瑰麗的憂鬱。精緻的調侃，玲瓏的耳語，葡萄牙的紅唇，古俄羅斯貴族的芳香，尼尼微的翡翠，亞姆斯德爾達的綠柱石，印度的紅寶石，非洲的柏枝瑪瑙，土耳其煙草，從紅海撈起來的珍珠，……。茶花女的「飲酒歌」響起來了。晶瑩酒杯又高舉起來了。……「啊！酒！酒！給我迦太基的蓮花酒！給我高盧的肉桂酒！給我古羅馬的棕櫚酒！給我大宛的葡萄酒！給我西印度的古啦咖酒！給我香檳酒！橘金酒！玫瑰酒！威士酒！伏特加！白蘭地！……朋友們，喝酒啊！沉醉啊！痛飲啊！今夜多美！多美！讓我們來享受這美麗的夜！……」

吼喊聲又爆發，鎗聲又震響起來。

——蘇維埃萬歲！

——打倒萬惡無恥的蔣介石！

——中國無產階級勝利萬歲！

——中國勞苦大衆解放萬歲！

——全世界無產者解放萬歲！萬歲！萬萬歲！

——全人類的幸福自由萬歲！萬萬歲萬萬萬萬歲！

（砰！砰！砰！砰！砰！砰！砰！砰！砰！……）

印蒂突然跪倒地上，匍匐在黑暗中，滿臉淚水：

「啊，主！快把你的杯子給我吧！快給我吧！快給我吧！讓杯中苦艾汁苦死我吧！讓你的荊棘冠扎死我吧！我願在徹骨錐心大痛苦中，死在你腳下！」❶

三星期後，那杯苦艾汁終於從半空澆潑下來了‥印蒂被判十年徒刑，押解到百里外的C古城某監獄執行。

假如他不死在黑暗裡，也要命定活在黑暗裡。

❶此處之「主」不是指基督教中之上帝，而是指一種眞理，以後凡有用「主」字處，皆指此意。

第七章

一

在這個星球上，這是一片被關閉的世界，一片陰暗。這裡的天空和土地本是世界一部分，但人們卻用風火高牆、用鐵柵欄門、用蔑視與侮辱把它關閉起來。人們有意要把這個廣大世界分割成許多塊，開放一些賞心悅目的，被讚美的，關閉一些難看的、被訊咒的。在許多關閉的空間，這裡是最被封鎖的，也最黯慘的。它們代表一片被拋棄的天地，由一座死窟最底層構築的宇宙。這個宇宙內，死的色彩代替天藍，黑幕代替陽光。從腐臭泥土裡，吐露一些憂鬱而奇臭的花，沒有顏色，沒有芳香，甚至沒有形狀，只有它們的魅影。這些怪花就是囚徒。一跌入這個墓底世界，即使是亞歷山大和拿破崙，也只能扮演一種角色：蛆蟲樣活著；也只能演一種戲：蛆蟲樣爬著。

兩座高高灰色瞭望台，由混凝土與磚石築成，彪碩的聳峙於監獄對角線兩終點，像古代矗立大漠荒沙中的烽火台。台上日夜有衛士瞭望，似古代甲士凝視遠處狼煙烽火。

四周築高大磚牆，高得駭人，牆基是赫色岩石，牆面石灰白煙粉上塗染著灰黑色污漬。牆角安置一層鐵絲電網，白磁電樞紐灼閃著，兩盞數百瓦電燈泡帶著威嚇意味，晝夜發亮。到處是雙重鐵柵欄門。門邊士兵荷槍來回逡巡。光線暗淡的工作場裡，響起一陣陣沉悶的機器聲。縫紉機的腳踏聲是急促的，拉麵機的鐵輪聲是沉重的，手搖紡車聲是輕盈的，間或夾著石印機的音籟。場內只聽見一片嗚軋聲及手腳聲，很少有一點人語。這種人籟的靜寂，同樣也深深籠罩在甬道內、囚房中。一條條冗長的黝暗甬道，像火車山洞大隧道，從每獄入門處延伸到盡頭❶。它那派可怖的陰沉，嘆靜，其實超過隧道。兩側是一扇扇黑漆棺材板似的黑門，即使是最厚最厚的人問棺木，也遠達不到此門厚度。每一次開了、再關上，那奇異巨大的沉重聲音，煞似一座風火高牆坍塌下來，震眩每一根神經。它經常嚴嚴扃閉。門上只露一個小方洞，長寬約七八寸。打開這扇木窗板，可以看見裡面一些沉默而陰淒的臉孔。囚房長方形，每間約十三平方呎，打橫放一張土坑式的大木板床。床下和床外的一點空面積，安置犯人盥洗用品及什物。這樣的小籠子，每籠最少裝十個犯人，最多裝十四五個。如果是十個，擠貼得緊一點，每人還可以仰躺，像一條條鳳尾魚。如果是十四五個，這些魚，必須側臥，身子筆直，手碰手、腳擦腳，相互貼靠。白天，捲起舖蓋，大家多半坐在床上，坐倦了，就蹲，蹲膩了，便站在床下。如果走動，那要肩摩踵接了。人只有在扮演這種鳳尾魚的角色以後，才能深深體味：「生存空間」這個名詞，究竟是什麼眞實涵意。

生活在這些鳳尾魚鐵罐頭內，每個夏季，人們必須陪但丁逛一趟煉獄。早或晚、一次放封，只有廿分鐘，並不天天有。這要看獄吏老爺高興：觸怒了他們，四五天不放封，並不希奇，溽暑期，儘管人們拚命沖洗，渾身終日依然泡在汗水裡。可水在這裡屬於奢移品，每天每人只許用兩臉盆，還包括洗衣服在內。你就可以想像，這些犯人們，是怎樣度過夏季了。太陽從鐵窗外衝進來，小籠子像一座座煉鋼爐，每個人經受一種殘酷得近於偉大的毒熱的熬煉。個體幾乎變成一塊塊鎔鐵，受毒熱爐火鍛鍊，能通過這種鍛鍊，個體才能保存。床角尿桶不時激起一陣陣酸臭味，混和著汗臭，與人體的肉味，房內充滿形容不出的怪味。這種怪氛圍裡，人過著形容不出的怪生活。白天，蒼蠅亂飛，一部分人輪班睡覺，（籠子裝到十四五個人時，就得輪值午睡。）躺在汗水裡。晚上，蚊子佈八陣圖，臭蟲像坦克車，從牆角和木板縫內爬出來，到處橫衝直接，牠們恣意吮吸這些已經貧血的軀體的殘血，有些人睡不著，就坐著，或蹲著，不斷與蚊子搏鬥，和臭蟲鬥爭，直至疲倦極點不得不倒下去。就是這樣狹窄的籠子，這樣炎熱的怪味的空氣，這樣殘酷的蟲豸：這樣的生活，人竟一天天活下去，那個最古老最樸素的法寶：「忍耐」，現在算是作了偉大表演。人必須在無法忍耐也要忍耐的忍耐中，讓生命掙扎著，在苦痛的河床內慢慢流下去。

早或晚一次放封：是唯一的享受，也是最高的生存享受。人們像爬出棺材的死人，在一片空場上慢慢走。這二十分鐘，印蒂一行散步，透透空氣，作手足活動，一行欣賞場子四周那些綠色白楊樹，多可愛的綠色、多新鮮的樹葉子。比一切更迷人的，是那片吹動著這些綠樹的風，自由的風。啊，自由！……他不敢想了。他得好好利用這二十分鐘，盡情消受一點新鮮空氣，涼爽的風颸。他利用這二十分鐘，像利用二十塊錢，每一塊錢都不許糟蹋。只有在這時候，時間才現得使人無限迷戀，自由變成人們永生的夢，和不朽的天堂。可是，像守財奴式的這樣消耗的，畢竟只是少數人。大多數人感覺裡，這二十分鐘只是牢房漫漫黑夜的延長，甚至是痲痺的延長。

木扁擔的鐵吊鈎，突然撲在地上響了。這是預報吃午餐的召喚聲。多可愛的金屬聲。人們早就期待這片叮啉噹啷聲了。炊事員把一桶飯一桶湯挑到黑棺材門前。小木窗打開了。一些盛飯的鐵盒、搪瓷杯和大碗，挨次從窗口遞出去，裝上一勺飯，接著，又按序把另一些食器探出窗口，一勺勺分配菜湯。飯永遠是焦黃的、雜著細碎沙石，有時夾生，湯發酸味、苦味，上面淡淡飄了幾莖青菜葉。對於飢餓的胃，這樣的飯和湯已經是佳肴了。不管怎樣，人必須把它們吞下肚。它們雖然醜陋，卻能幫助人活下去。

黃昏時分，一陣警笛急促鳴響，整個監獄立刻臨時戒嚴。連職員辦公室外的雙重柵欄門也封上鎖。衛士佇立瞭望台守望，兵警持鎗來回逡巡。這樣嚴密的戒備下，那些有幸能去工作的一大隊囚徒，離開工場，經過門警詳細檢查，緩緩走出來，排成隊列。他們睜著疲倦眼睛，走在模糊的夕陽光裡，脇下挾著面盆與毛巾。八小時工作，似乎耗盡他們孱弱體力。他們的腳步很慢，有腳踝響著寂寞的足鐐鐵鍊聲，音響波動在漸趨蒼茫的暮色中。比起終日禁錮囚房的人，他們還算是幸運的。可是，這也不過是從一座狹窄囚房，走到另一座較寬廣的囚房而已。他們沒有興緻享受工作情趣。他們縫紉和紡織時，大多是機械動作的堆積。他們的輕鬆情緒早被釘死了，像一隻被釘死的標本昆蟲。現在，他們這一長串行列出現在黃昏裡，移動於天井，一個個大多低垂腦袋，誰也不大抬頭，看看天空雲彩，這些高高在上的存在，似乎離他們很遠，他們久已不能了解它們了。他們沉重而緩慢的走著，似沙漠暮色中一隊孤獨的駱駝影子，這些動物從寂寞風沙中來，也往寂寞風沙中去。

這一大隊駱駝影子在暮色中消失時，整個監獄臨時戒嚴才解除。這種緊張局面，每天總有兩次，一次是上工，一次是下工。在正常狀態下，人們由外面進入獄內，也要經過好幾道手續。先開第一重鐵柵欄門；進門後，鐵門上了鎖，第二重鐵柵欄門才啓開。有時，甚至要經過四道鐵柵欄門。這些鐵柵欄門聲與鐵鎖聲，告訴人兩個世界的邊陲線所在。不僅是兩個絕對迴異的世界，也是絕對水火階級。一個階級代表生命、自由，以及能給予生命和自由的力量，一個階級代表慢性的死亡。一個階級站在山頂往下看深淵，一個階級站在深淵底向上望山頂。白紙上兩個黑字「自由」，也有這樣大的魔力，使人們離隔得這樣遠。一個是站得那樣高，一個是匍匐得那樣低。

無論在牢房、工廠，這裡的人臉都有一種奇異的靜。這些活動的臉，有兩個特色：一個是那種帶魔味的古怪眼色，這是社會給他們的；一個是面部的奇靜，這是牢獄給他們的。這種純粹獸面式的靜，比蓬亂髮鬚，更足以標誌他們生活的烙印。任何一張激動而強悍的臉，被埋在這座棺材門後。也會染上一種奇異的啞默和靜。由於臉龐那種死亡意味的蒼白色，這啞默和靜被渲染得特別深刻。這些臉孔，有些倒是胖的，白的，卻使人聯想起一些剛從水底撈起的沉屍。屍體灌滿水，有一張又胖又白卻令人害怕的臉。這不是胖，是浮腫。同樣，在這些浮腫的屍臉上，也有一種出奇的靜。這些胖的，死的，奇靜，說明了囚徒臉孔的特色，也說明那些被歪扭的心。

這些魔邪的古怪眼色，這些死白色，屍味的靜，蓬亂的髮鬚，……假如晚上在郊外荒塚間出現，你會以爲剛從棺材裡爬出來。就是這些臉孔，白晝活動在牢房、工廠，夜間隱沒於黑暗。獄卒帶著鞭子，不時從小木牕往房內偷偷窺視，似乎還想從這些面孔發現另外一點顏色。但沒有。臉很靜，眼睛很靜，嘴唇與眉毛也靜。人們不僅不願發聲，也不願多動。「聲音」和「動作」彷彿也像鼬鼠樣膽怯，深深藏在他們內心洞窟裡，永遠藏下去，……

當然，也有些江湖大盜，和慣作案的竊賊，臉色永遠不會寧靜。他們的嘴與手足也不會平靜。他們不怕皮鞭子。不過，這些是少數，不是多數。

夜深了，號子裡很沉寂，整個監獄也極嗼靜。黑暗中，星光下，那兩座高大瞭望台投下黑黶黶的龐大影子，衛士在台上嚴肅瞭望，似乎想從夜暗中發現什麼。牆角裡，掛在電網上的那幾盞雪亮電燈，像一隻隻野獸眼，恐怖的獰閃。所有裡裡外外鐵柵欄門，都重重上鎖。在鐵欄杆的陰影叢，響著兵警的沉重皮靴聲。這個時候，假如上帝從穹空張開眼睛，也絕不會相信：就在這樣美麗的謐靜中，竟埋藏近一千個黑暗靈魂，近一千個被關死的靈魂。

就在這樣的梵寂中，印蒂常在床上睜大眼睛。他渾身幾乎被同伴們的軀體綁得緊緊的。這些毗鄰身軀中，有一雙手是謀殺過人的，有一雙手是販過白面和鴉片的，另一雙手是參加過綁票的，還有一雙手是緊抱過他所強姦的女人的，……。但他並不想這些。他只舉眼凝望牆頂那扇開向礦場的鐵柵欄牕子，通過它，他希望能看見天上一顆星。有時候，假如他眞能發現一顆，它恰好裝飾在那一小角天空，他會滿意的微笑——這是他每天的唯一酬報，也是廿四小時中唯一的天堂刹那。

二

在印蒂生命史上，如果沒有牢獄這一章，他的個性應該被雕成怎樣一種型態，那是一件頗難預測的事。但既有此章，他那幻想畫布上的天眞而煌麗的色彩，就命定要塗上一層深淵陰影。陰影與它的潛伏機能，是一種永恆鐵火烙印，一旦烙上，就與人的血肉細胞結成一片，永遠再揭不開。在這層陰影裡，比照之下，他過去所嚐味的現實，一切又一切，全不算數，一切都得從頭嚼起。這是一次極苦澀但也富營養的咀嚼。牢獄像慢性結核症，那些象徵性的牛形桿菌人形桿菌，會一立方公分一立方公分的吞沒一個人。假如能逃避這場毀滅，一個人也就具備抵禦任何慢性虐殺的抗菌素。在牢獄的力量下，印蒂根性上那股急流，命定要改變它固有河床的許多轉折及迴曲，多少年來，它一直是長江大河的奔瀉，目前卻第一次碰到龐大的阻礙巖石。他開始讀「限制」第一課。一切奔流必須學習「限制」。

長期幽禁後，引起印蒂恐怖的，是那種連根爛的情形。一些十年以上的囚徒，長期活在陰暗中，每晨睜開雙眸，第一眼看見的兩個字是：「悲慘」，晚上入睡，最後關閉上的一個意識也是：「悲慘」。隨著四堵灰白色牆壁的緊壓，水汀地面的霉濕味，夏季的火山，秋季的冷雨，冬季的冰風，隨著病人的呻吟，蒼蠅蚊子的亂舞，獄卒與兵警的鐵般森嚴神色，一刻刻的、一天天的、一月月的、一年年的，這種悲慘氣氛，不斷包圍他們，攻打他們，穿透他們蠟黃皮膚，滲入血液，又溶進靈魂，使他們如遭催眠術，逐漸離開原來的精神原點，慢慢產生游離幻覺。幻覺把他們挪出通常心理空間，移到一個新的領域，熟悉了後者，他們的幸福本能也就搗毀了。這時，假如有人在面前搖一朵鮮艷玫瑰花，他們會像色盲者一樣，認爲只是灰色牆壁的一部分，一種灰色東西。那濃烈的香氣也不能衝入他們鼻竅，後者早被霉酸味封鎖慣了。那朵花的瓣狀的美麗形態，在他們眼裡，和那些被老鼠咬過的窩窩頭差不多。假如有人告訴他們：「這就是花，美麗的花。」他們會好奇的喃喃：「唔，這就是花，花。……可是，什麼叫做美麗呢？」他們會困苦的思索，並回憶這個形容詞的涵意。卻絲毫不會有結果。在回憶中，這個形容詞早被阻於在無數重黑暗山嶽，要衝過萬里山岳，再從另一座黑暗的深壑中找回它，不是一件容易事。他們只有茫然瞇望著。最後，他們或許會呆呆舉起花，送到嘴裡，開始咀嚼，因爲，他們的腸胃常感空虛，從沒有被塡滿過。他們中大多數，久已養成一種習慣，只要不是毒物和糞上，盡可能把所能獲得的東西送到嘴裡咀嚼。即使不吞下肚，他們也會嚼著。這彷彿暗示那埋在麻痺感覺後面的一點情緒：對於世界，他們用眼用耳用鼻都沒有意義了，只有用牙齒，有時也許能嚼出一點什麼。所有這一切，只說明一件事：痛苦把他們的靈性歪扭了，也改造了，他們像一些根株被蟲蝕空了的植物，表面看來，似乎沒有什麼大變化，只是萎縮而已。但假如放在春天陽光下面，它們的梗莖，依然萎縮癱瘓，倒在地上，陽光與春天絲毫不再能增加它們活意，它們也失去接受陽光和春天的機能了。這是連根爛起，徹底被搗翻了。印蒂實在怕這一變相疫癘的傳染。爲了防禦，他不能不用反叛和憎恨做防毒劑，保護他根盤堅固。他不敢想像那種日子，一個人活得連春風吹拂臉龐，不再覺得絲毫溫柔了，連太陽照射身軀，也不再覺得絲毫暖熱了，連溪水聲透明的淙淙響在耳邊，都不覺得水流動了——那是怎樣一種日子呢？

牢獄的刻薄生活是一些獸爪，無情的撕掉一切僞裝與蘊藏。在這裡，人與人的心靈是赤裸裸的，任何長短衫之類的披掛都沒有了。在最深痛苦及勒逼中，人的一切物質私有財產早交出來了，最後，人不甘心，無意中又被動的做了件好事，捧出最後的私有財產：心靈。這是令人詫異的，越在非人性的虐害中，眞正的人性卻越被搾了出來，像搾甘蔗汁。一個華麗典雅的英國皇族貴婦入，她在小市民面前，儘可以高傲的把頭昂得好像要衝上天，把胸脯子挺得好像一座坦克車，但有一天，當她被一群亂兵輪流強姦時，她也會驢樣的叫、狗樣的滾、猴子樣的哭，這時她眞像人了。

最污穢的污穢中，最破陋的破陋中，人的純粹情感，有時卻強烈湧起來。這時，心靈像一隻熟爛菓實，只要輕輕敲一下，汁液就會盈溢。有幾次，印蒂生病時，就特別鮮明的看到這類現實。那幾個圍在他身邊的同伴，每一個，都像這種熟透菓子，他只要一嘆息，一呻吟，汁液便從他們皮肉內湧出來，靜靜的、無聲的、幾乎是沒有形體的，卻從他們身上流到他身上。這種汁液是本然的，並且是純粹的，不含任何雜質。正常社會生活中，當人允諾或拒絕別人時，一個字包涵許多看不見的釋詞和伏筆，在牢獄裡，在這種豬狗生活裡。一個字就是一個字，裡面既無釋詞，也沒有伏筆。人們的心靈洋溢方式非常簡單，愛或者恨。這其間，很少有什麼中間體。

那些發酸的飯，發苦的湯，那些悶塞骯髒的陰濕牆壁，把他們連在一起了。那些晃動在門外的兇厲臉形與鞭影，使門內人易於相互了解了。這些日子，印蒂覺得極易與同伴溝通。只要他把自己所厭棄的發煤油味的豆芽湯讓給同伴一次，或者，把那夾沙子的糙米黃飯分給他們一半，溝通立刻完成了，並且很深沉。給予和奉獻從沒有具過這樣豐富的內涵。可是，不管怎樣溝通，藩籬仍不免存在。焦點是：叫他們流淚的，主要是饑寒；叫他流淚的，主要卻是四堵高牆。

有許多奇怪心理，從前他絲毫不能理解，現在卻能了。絕對失去自由的孤獨，和自由的孤獨，是兩個完全不同的境界。過去，有一個時期，他竭力追求孤獨，但精神上並不感覺外界強烈影響。現在，他從未夢想過的絕對孤獨眞來了，他卻極度感到外界巨力，它使他異常難堪，幾乎無法忍受。可是，經過不斷掙扎後，他的心靈也漸漸平安了。在這裡，一切不平安的，也得慢慢轉爲平安。在痛苦的激動中，人只有兩條路好走，或者死，要不，就好好接待它，把激動變成平安。印蒂開始感到，對於生命，投降與反叛同樣重要。克服生命的，常常是反叛，但更常常的，卻是投降。反叛只能打倒生命的手和腳，通過投降，人卻可以筆直楔入生命心臟。就征服過程說，投降往往比反叛更狠毒。

在似無盡頭的痛苦與忍耐中，一些異象出現，使他從平庸泥土中，看到一些神奇閃光。異象中的最大異象，是感官敏銳。記不清是什麼季節了。有一晚，他突然聽見一陣嘹亮聲音，它是這樣響亮、美麗，一時竟辨不出是什麼聲音。唯一能肯定的是：它應該是人類以外的聲音。但他絲毫不想分辨。不管是什麼聲音，反正他已沉醉了。這聲音非常簡單而孤獨，唯一特點只是極其響亮，但他卻像聽莫札特提琴協奏曲似地，全身全心沉迷在裡面。在過去所有關於音樂會的記憶中，從未像現在這樣深刻過。不知何時起，聲音忽然停止了。他閉上眼，等待著，卻一直不再響了，而且永遠煙消火滅了。他睜開眼，從深湛的迷醉中醒過來，相當痛苦，好像一曲美麗音樂沒有奏完就停住了。摸摸面孔，滿臉眼淚，聲音竟如此強烈的感動他。這一晚，接連有好幾小時，他竭力回憶這支樂曲的餘音，並且揣測它的主人。清醒以後，很容易的，他立刻猜出是一隻青蛙叫聲。但當時，無論如何，都猜不到是它的聲音。因爲，它絕不會這樣美妙，動人。然而，他冷靜的想想時，也就不再詫異了。數不清是多少日子，除掉可佈的鐐銬噹啷聲、和各式各樣的奇怪人聲外，他就從未聽到自然界的純潔善良的聲音，更未聽過鳴蟲的嘹亮而喜悅的音籟。一個潛意識早在他內心深處大喊：「啊！聲音！聲音！聲音！聲音！給我一點人以外的明亮聲音吧！只要人以外的都行！一點點就夠了！」在這種長久埋伏了的喊聲中，一隻喜悅的青蛙會變成莫札特或孟德爾遜，那是很自然的。

另外一天，同室囚友有家眷探獄，他回來時，向同伴形容他的女人和小女孩的情形，說當他初入獄時，女孩子還關在娘肚裡，像他關在牢裡一樣，此刻，她卻出牢了，能笑能走路了，並且會喊爸爸了——然而，是這樣的一個爸爸啊！他何時出獄呢？他說著說著，聲音低下來，眼眶滿盈熱淚。印蒂起先平靜的聽著，不久，他卻突然落了淚。他並不全是同情囚友遭遇，而是聽到後者描寫那個小女孩的笑。好像一個人幽禁於地窟底層，多年孤寂與黑暗後，一個春季清晨，窟門開了，忽然出現一個美麗的三歲小女孩，她望著他，發出銀亮的天眞無邪的笑——這是怎樣一個鏡頭呢？他不敢再想下去。這一幅明亮畫景、是沉在黑暗深淵裡的囚徒永遠不敢想像的圖幅，無意中，居然被一個囚友揭開了，他無法不流淚。這是感激的淚。儘管他被封鎖在四堵陰霾囚牆中，他感激人間依然有這個小女孩的天眞的笑。「假如當時做爸爸的是我，我看見自己小女孩的笑呢？」他不敢再想下去。還夠不上說那種實驗場面，單只這種縹渺細想，已足夠燃起他瘋狂的情緒了。——只有一個長期被活埋在地獄底的人，才眞正懂得一個小女孩的天眞笑容是什麼意思。

太陽起來了，希望也起來了。太陽落下去了，希望也落下去了。這已經是一種無可奈何的境地，但生活在這種境地的人，究竟還算幸運的。在印蒂這個墓窟世界，太陽永遠不會升起來，即使以它一千次沉落爲代價，只換取一次上升，也不可能。這裡，沒有希望，更沒有失望，只有較失望更具腐蝕性的麻痺。人像掉在冰雪裡的昆蟲，一切僵化了。一層硬殼子擋住一切。硬殼子裡面，關閉一顆永遠晦暗的靈魂。但從外表看來，這昆蟲匍匐冰雪上，還和活的一樣。

三

是秋天了。秋雨不斷落。秋風秋雨的時間特別長。一陣陣秋雨掃落地上，雨滴聲分外響，也特別哀涼。印蒂獨自跪在窗下床上，呆呆望著雨，以一種特殊靜默的態度，觀看雨的迷茫的霧色。看著看著，心裡似乎也一陣陣落雨，整個情緒變成一片片雨條。偶然，幾點雨滴濺到臉上，又從頸項流入脊背，他週身抖顫一星涼意。

冬天來了。天太冷，牆是冷的，地是冷的，窗外冷，窗內也冷，人身外冷，身內也冷。印蒂白天縮在棉被內，像駝鳥把頭埋入沙中、午夜，風聲激蕩，他常常醒到天明，聽到天明，一半沉入風聲，一半遐想，他幻想幾百里外那個溫暖的家。這時，爐火早熊熊燃燒了。母親早爲他預備又暖和又舒適的冬衣，用「湯婆子」把他的絲棉被「搗」得暖暖的。那白色磁缽內，早裝滿豬油白糖黑芝蔴膏，這是冬季最滋補的食物。爐火上，母親也會給他煨上白菓煮紅棗，或是桂圓湯，……。他睜眼凝望，室內一片黑，窗口也一片黑。朔風像涼水，一陣陣兜頭潑來，他連忙又把頭鑽到破棉被裡。被子很薄，他冷得有點抖，只好緊緊貼住同伴。一些鼾聲從旁邊響起來。他們在風聲和寒冷中睡得酣熟。鐐銬的陰影從他們思想裡消失了。人在這樣時候，似乎有一點自由感，與解放感。但他卻埋在被子底低低啜泣了，他已一年多未和家中通信了，雙親完全不知他的近況。

那是一個大風雪之夜，他奉令遷到一座新號子後的第四天。

新號子比舊的大，可住廿幾個人。房內一半是一張龐大土坑式的木板床，一半是空地。夜晚，在陰濕磚地上鋪滿稻草，算是乾鋪，睡了後到的一些犯人。白天，拆掉地鋪，室內較空曠可以來回走七八步。

天氣太冷，大家都躲在被子裡，白天，炕床上也睡了些人。搬來後，頭兩天，印蒂開始一一結識新囚友。從第三日起，他開始注意坑角稻草上一個人。三天來，這人一直縮在被子內，不大吃飯，很少喝水，只是日夜咳嗽。他的行李不全，沒有墊被，只得下墊稻草。他身邊稻草和那床上藍布棉被上，全染斑斑紅血，他大約不時吐血。他的臉始終藏入被內，印蒂無法看清楚。從囚友嘴裡，知道他害癆病，躺了好些日子。大家似乎有點避諱他。靠他床位附近空了一片，沒有人敢和他睡在一起。

第四日下午，這個人還是躲在被子裡，不斷咳嗽、呻吟，並且嘔吐一些什麼。印蒂實在忍不住了，向囚友探詢病人情形，一個海洛因販子半惋惜半嫌厭的滔滔道：

「這個人害癆病好幾個月了。從他一進這號子起，就病倒了。這十幾天，病特別重，有好幾天不大吃東西了，日夜發燒、咳嗽、吐血。前幾天，獄醫來看過；說就送他到病房，可老不送。這麼點房間，這麼多人，一個癆病鬼怎麼受得了？幸虧是冬天，要是六月天，不薰死人？你看看他那床被，像用硃砂染過似地。我們都是同號子的，雖說萍水相逢，同病相憐，可老這樣一堆血一堆屎的攪在一起，也不行哇！他已經不能走路了！今天早上，又催過醫生，說明早才能來看他。再過兩天不來，我看，獄裡乾脆準備一口薄皮棺得了。這種牢獄！這種醫生！眞是活坑人！」停了停，聲音放低，似乎專門說給印蒂一個人聽：「聽說他是個政治犯，從南京解來的，在南京就關過一年多。……還是年前清共的事。」

印蒂聽完，再不答話，立刻爬到坑上去。病人沒頭沒腦躲在被子裡。他輕輕喚了兩聲，對方並不回應，大約睡熟了。他守在一邊，直到天黑，又低喚幾次，病人仍不醒。他仔細傾聽，被內不時有鼾聲與喘息聲，他才稍稍放心。

夜裡，大家睡了。他把舖蓋從地面搬上坑，睡在病人旁邊。但他睡不著。窗外是大風雪。狂風怒嘷，雪花獰舞。房內冷極，病人只有一床被，似乎畏寒，身子不時哆嗦，他把自己墊的一床棉絮加在病人身上，兩眼不斷凝視他，看有什麼動靜。

九點左右，病人似醒了，一陣咳嗽發作起來。但咳得並不特別猛，也不長。才一咳，他就掙扎著，顫巍巍的，從枕邊取了一大張草紙蒙在嘴上，哇的一聲，吐出一口鮮血。他頭旁靠牆處，疊聚了一大堆染過血的草紙。

印蒂立刻披了件衣服，湊過去，低低的溫柔的喚他：

「嗯！朋友！你怎麼樣了？……你怎麼樣了？……你需要點什麼？」

他喚了好幾遍，病人才察覺，抖抖顫顫的，從被內探出頭，不斷喘息著，有點像牛吼。他似乎想抬頭，但太疲倦，無力，抬不高，才抬起，又跌到稻草上。

印蒂用手摸挾牠的額頭，吃了一驚，熱燙得像一塊炭火。他再按捺不住，不禁從心底憤憤罵起來：「這混蛋醫生！這混蛋！」

他立刻把臉孔湊過去，溫柔的問：「朋友！你要什麼嗎？」

「水！…………」病人只輕輕哼了一個字。

印蒂在躊躇，這裡根本沒有熱水，舊搪瓷杯內，只有半杯冷開水。

病人似乎早明瞭這一層，又低低哼著，補了幾個字：「……冷水，……行……」病人一面說，一面喘氣。

印蒂慢慢走下坑，從牆角取了自己盛水的搪瓷杯子，又慢慢爬上坑，怕踩到地上和坑上同伴。還好，房裡並不太黑，甬道中的燈光，加上窗外雪光，給室內添了亮，他可以分辨出一切。

印蒂一手把杯子湊到病人嘴邊，一手扶住他的頭，慢慢餵他喝。

病人哆嗦著嘴唇，喝完水，透了一口氣，抖顫著嘴唇，低低重覆哼著：「謝，……謝，……謝……謝……」

病人聲音雖然低，但腔調依稀可辨，這是一個在痛苦與衰弱中掙扎的腔調。

印蒂決心要看病人的臉。

室內燈光，和天窗口射進來的雪光，雖可照見房內形相，究竟嫌黯淡了點，加之病人躺在牆角邊，四周佈滿陰影，他無法辨清病人臉孔。

但印蒂渴望看清對方的臉。他心裡似乎預感到一些什麼，同時又敏銳的聯想起一些什麼。

沒有強烈的光。他躊躇著。

他從破枕頭縫內取出一盒洋火，內有兩根紅頭火柴，這是他某次在廁所牆角上拾到的，大約是誰當做空盒子，扔掉的。他想，有一天，他們或許對他有大用處，便鄭重的收藏起來。

現在，他決心要利用這兩根火柴了。他知道，假如獄卒發現：他會受到一頓怎樣兇辣的毒打。但他顧不得這些了。他非得認出這張臉不可。他怕：這會兒再不認出，以後或許會嫌遲了。

他側耳聽了聽，獄卒腳步聲沒有響。萬一響了，聽見聲音，再吹熄火，還來得及。

終於帶著瘋狂的冒險，他劃了根火柴。

一片亮光閃耀牆角。

他終於看清病人臉孔。

這並不是人臉，只是蠟像館的一張面具。不過，這是一幅怪誕的蠟像，一片潮紅色代替蠟黃。可它仍滿溢蠟味。在通紅的帶蠟味的三角板上，挖了兩個黑窟窿，這就叫做人臉。假若不經意看去，眞以爲是一個諷刺漫畫家的極惡毒極嘲罵的作品。從兩頰到下頦正好構成一個三角板，那兩個黑窟窿內，有兩顆烏黑圓球，像死魚眼睛。毛毿毿的頭髮從鬢角直垂下來，茂密的亂披於兩肩，整個掩蓋了耳朶，像個多年沒有梳裝的邋遢女人。鬍鬚毛蓬蓬的一大簇，幾乎覆沒那兩片發紫白色的嘴唇。眉角、頰上、唇邊、鬍鬚裡、頭髮上，都塗了些污血，顯然是從染血的稻草上蘸上的。這是一張血臉。它本是一副帶變態火味的紅臉，現在卻是血臉，是一張沉在絕望壑底的臉，每一條臉紋，全浸透恐怖與絕望。那雙死魚眼睛，就在黑暗中絕望的張著，凝視夜暗中的無盡的空虛。假如再仔細分析，它們的絕望只是陰鬱改扮的，後者太深沉了，便成爲前者。但陰鬱是它們的本色，它們的主人的靈魂，還沒有黑暗到絕望的程度，它只在一種深深陰鬱中掙扎。因爲實在無法掙扎了，才露出絕望。但它還在掙扎，掙扎。……

那女人式的毛毿毿的長頭髮與鬍鬚聯在一起，配上那副古代洞窟樣的陰鬱眼睛，構成一隻貓頭鷹式的輪廓。最初，它使印蒂聯想起一隻快死的巨貓，接著，像閃電，他想起那個躺在沙俄陰影中的屠格涅夫。……

他又劃了一根火柴，再仔細凝望。……

突然，他大吃一驚，低低驚叫起來：

「啊，你——舒建城！」

印蒂抓住病人的手，緊緊握了十幾分鐘，投有說一句話。他眼裡流了淚，身上流出汗。

病人神志似乎有點昏糊，有時醒一點，有時又昏暈了。印蒂套住他耳朵，低低向他說了許多遍話，病人只是哼哼著、喃喃著，嘴層顫動著，依然沒有說出什麼。也許他知道一點。也許他無力說。也許他什麼也不知道。

興奮了一陣子。印蒂所有的激情都給病人僵冷神態澆滅了。他不再開口，卻把自己那床破棉被又加上去，靜靜坐在一邊，守著這張血臉。他不敢想像：這張血臉下面的胸膛怎樣？也不敢想像被子裡的身軀怎樣？那個有著屠格涅夫臉型的高大個子，那個沉靜的年輕人，現在像老年人似的躺著。就在這樣一個場合，他和這位老朋友遇見了。這副臉此時很安靜，它不再說什麼，每一個毛孔都沉入靜默。這張臉本身說得太多了。它不再需要什麼聲音。任何聲音對它只是一種侮辱。它彷彿埋在古代阿爾卑斯山黑洞窟裡，受黑暗最深的浸蝕；黑暗要通過這張臉，浸蝕它下面的心，卻失敗了。但黑暗剝奪這張臉，卻成功了。這幅臉本該躺在火爐邊的，卻睡在這樣的冽寒中，臥在這樣殘忍的夜裡。這是一個快要徹底沉入透黑深淵的血臉。這是一幀瀕於最後毀滅的血臉。它詮釋了目前的歷史幕景，也抒寫出一個時代。在它上面，有時代的爪牙痕跡。也有一個歷史的眞理痕跡。可是，它目前卻要下沉、沉、沉，……

這是一個大風雪之夜。在這個夜裡，有一片腐爛胸腔，兩片腐爛肺葉，爲夜加深黑暗性。那些人形的，或牛形的結核菌，仍在不斷殺死一個個肺細胞，要徹底毀滅這兩張蟲蝕似的殘破枯葉。肺葉上的氣管在爛、爛、爛，……

這是一個大風雪之夜，犯風兇厲，夜卻似乎奇異的靜。不是夜靜，是印蒂心裡靜。他靜靜站起來，靜靜走到牆邊，靜靜貼牆立著，靜靜凝望慘暗，靜靜諦視躺在稻草舖上的人。他兀立著，像一尊鐵像，一動也不動，直到天明。他不知道自己爲什麼這樣做？可他必得這樣做。

……………………

天明了，病人只清醒了幾分鐘，當他模糊辨認出印蒂時，他只斷斷續續吐了四個字：

「項……若……虛……不……」他吃力的緩緩搖頭，其實已搖不動了。

這以後，他又昏迷過去。

醫生來時，病入又醒過來，但神志仍有點模糊。

他終於抬到病號房了。只延長了兩天生命。第三天，這個生命走了。

四

春天來了。陽光暖亮了。天穹顯得溫柔了。一葉葉綠草，茁長於菜畦四周。看見這一羽羽綠拚命從黑土內冒出來，印蒂不由感到一點甜意，彷彿有許多伙伴在地底向他招手。上午放封，他隨囚隊走到陽光中，情不自禁，閉上眼睛，放慢腳步，把身前所有陰暗人形從視覺驅散，讓自己變成一枝白色蠟燭，熔化於太陽的金色巨火。接著，利用這片透骨熱力，填補內心那段空虛，進而燃熾它，將這塊灰暗空虛燒成一片金紅。在熊熊煅燒過程中，他也開始意味到，人間苦也有一種美。這種痛苦美是一杯濃烈的威士忌，叫他無限沉醉。可是，一個人長年生活於沙龍，斜靠著美國「打臘柚木」沙發、抽一枝駱駝牌時，卻一輩子無從嚼到這種美。一個人躺在花園棕櫚樹下草地上時，悠然欣賞藍天，也覺不出這種美。必須被活埋入牢獄的永恆單調中，手足被鐵柵欄與鐐銬所綁縛，聲音被獄吏的拳頭所箝制，天地被鐵門與囚牆所排斥，當幾百張囚徒的魔味臉孔、古代銅鏡樣反映出黑色魔光妖影時，一個人才能痛感這種絕望的美。這是人間給痛苦者的最高酬報。現在，他似乎並不是走到地面，而是一個蚯蚓式的地底生物，經年爬行黑暗地層，突然，一片陽光穿透深厚地層，刺透這一陰暗生物的表皮，它顫慄了，一剎那間，從無限金光中，洞透黑暗腹壁後面的地獄美，……

有人和鐐銬做過長期朋友麼？這是一個可愛的朋友，它只要一上你的手腳，便不忘記扮演螞蝗，日夜吸你的血。你們合而爲一，你的血就是它的血。印蒂初入獄時，一個囚友告訴他：不管一雙怎樣粗壯的腿，只要帶上鐐子，很快便細下去，瘦成一根棍子。這番話，此刻算應驗了。有一次，在曠場上放封，適逢幾個重犯也在附近，印蒂踽行金陽光中，不時往他們望去，只聽見叮鈴噹啷鐵鍊撞擊聲、響徹金色亮光中，再看看那一雙雙脆弱的腿，直似一條條蒼白蘆管。（謝謝上帝，這種日子，他已過去了。）他們飄浮在空中的臉，卻似一副副蠟像。他閉上眼睛，不敢再看了。這一片野蠻形相對比著四周美麗陽光，是怎樣一種諷刺啊！然而，這正是人間啊！這正是人間美啊！

隨著春天降臨，他的生活也透了點轉機，被准許做工了。這就是說，每天大部分時間，他可以不消磨在悲哀沉思上。工作安慰了他。每天十小時勞動並不是一種負擔，而是享受。他兀坐手紡車面前，耐心搖著紡輪，看一團團棉花變成一圈圈白線。他的手腳，小巧細心，儘可能把紗線紡得完整均勻。這種手工，開始做時，興緻特別濃厚。最初一月，簡直像度蜜月一樣甜。可是，日子一久，一種永遠的重複與單調漸漸令他生厭。此後。他也調做其他工作：搖機器麵與織造毛巾，最後是縫紉。開始第一個月的歡樂總掩不住此後的酸辛。然而，比較起做狹窄囚籠裡的困獸，他寧選這種機械的重複與單調。

在紡車旁邊，他傾聽輕盈的木輪旋動聲，眼睛漸漸模糊起來。他必須這樣紡著、紡著、紡著，……讓十年生命隨紡輪旋轉過去，也讓他最翡翠的青春消磨在這片旋轉中。他突然記憶恆河邊的甘地。有一年，甘地在獄中度壽，印度人民——他的信徒們，沉默紡紗一日，作爲紀念❶。這是一幅雄麗的偉大畫卷，千千萬萬釋迦牟尼子孫靜坐在手紡機面前，沉默的紡著、紡著，把一百幾十年來的復仇火燄溶化於輕盈的軋軋機聲中。

在沙漠上，野獸一聽到同類聲音，立刻會豎起耳朵，無限延長聽覺，極度振奮的靜聽遠方。在荒漠裡，兩匹異馬相遇，不管主人怎樣揮鞭，它們總要走到一起，靠攏了，相互用小耳朵親熱磨擦一番，一時難捨難分，卻終於依依不捨的分開了。這種原始經驗，印蒂在牢獄中特別深切的感到，——第一次，也是最後一次。

一個上午，他從第一勞作場調到第二場，剛進縫紉部不久，一個形象抓住他：靠牆角那架縫紉機邊，他發現坐了一個他彷彿熟悉的瘦削背影。這人背向他他無法看清臉孔，只知是個戴眼鏡的人，這更吸引他的注意。工作開始後，印蒂只顧縫紉，不再看他。偶

❶甘地一生提倡手紡機，以抵制英國貨棉布進口，這是他所採取的反英和平革命行動之一。

然，他站起來，回轉身子，到鄰桌取一件縫具。他們的視線迅速相遇。印蒂驚訝得說不出話：

「啊！——項若虛！」

乘監工的獄吏出去時，印蒂立刻跑過去。爲了避免別人注意，他不敢和對方握手，只用熱情的眼眸凝望他，低低問道：

「你住在哪一號？」

「十五號。……你呢？」

「二十七號。」停了停，沉痛的道：「你知道舒建城死了麼？」

項若虛詫異的舉起那副鱗介水族的眼睛，旋即低垂下頭。他那副冷冷的蒼白臉上，泛出稀有的紅潮。接著，低低道：「我碰到過他，我們曾經住在一起，那時他的病還不最嚴重。……想不到……」他又低下頭。

由於項的話，印蒂突想起舒臨終遺音——單只是說出項若虛的名字……。他現在似乎有點猜出病人原意了，雖還不能下最後結論。

又談了幾句，見監工員出現在門口，他們馬上分開了。這一晚，散工後，回到房內，印蒂整夜興奮，想著項若虛。他過去對後者所有不懌，全消失了。他用一片新的熱情凝想他，不斷重覆這樣的思想：「在孤獨的死寂大沙漠裡，一個人看見一隻活動的螞蟻，也要和它接吻的。」

這以後，他們每天都能在勞作場會面，但只作簡短交談，無法深敘。不久，由於一次搬動，項竟碰巧遷入印蒂號子裡後者說不出的喜悅。從此，兩人朝夕見面，正式會聚，可以相互安慰了。但不到兩月，他發覺自己當初與奮是多餘的。

人性中的基本距離，無論怎樣彌補，總無法填滿。儘管印蒂努力接近項，多方牽就他，竭智喚起他的友誼，終覺心勞力拙。他漸漸感到，一個人對朋友（或同志）的初期印象，往往強過此後的種種判斷。長期分析的結果，常又回到初期的結論。他與項之間的主要異點是：項缺少想像油彩，沒有想像，雖有感情，他從不用感情來體驗理想和理論，一切出發點，只是機械理智的武斷，純粹現實味，夾著年輕人的自負及虛榮心。他投身信仰，與其說把它看做一種不朽的寄託，不如說是一種現實需要的滿足。因此，在若干觀點上，他只能抓住思想的一枝一節，止於滿足他現實需要的那點枝節，其中較永恆的整體性，卻無法捕捉。印蒂正相反，他所愛於理想的，寧屬它抽象的概括性，而不是碎裂的現實斷片。他把它看做永生謎底的解決、精神的膏油、靈魂的鹽，而不是粗糙現實的滿足，一切現實必須統一於偉大的精神象徵旗幟下。

這種分歧點，漸漸造成他們友誼的距離，終於迹近精神分裂。印蒂無法克服這一裂痕，也不願克服。他常把人分成兩類：一類是有弦琴，只要輕輕一觸，立刻彈出迴音和嗚；一類是無弦琴，你即使用牛刀去敲擊，也只能發出一片枯乾木殼聲。他把項歸成第二類。對這類人，用感情，等於鬼撞牆，幾乎自找苦吃。

他們間的磨擦，起初只限於理論爭執，例如托洛斯基問題之類。以後，則牽涉到個人習慣與嗜好。不過，這一切都是小衝突，在一層層忍耐下，也還可以掩蓋過去。促成他們正式絕裂的，是由於一次事件。

在縫紉場，印蒂籠子裡一個囚徒順手揀了幾塊破布片，檢查時被發覺，登時拖出去毒打一頓，血淋淋的送回來。同號子不平，由印蒂帶頭，以一些政治犯爲骨幹，發動罷工絕食，利用勞作場和敲牆壁作手語相聯繫❷，其他號子旋即響應，轉爲全體大絕食。絕食者提出四項要求：一、保證以後不再毒打犯人，二、勞作場工作減爲八小時，三、改善伙食，四、小房間每號不得超過五人。

這不是絕食，是奴隸在苦海底的無聲控訴。在近一千顆靈魂深層，早就瀦集一些神秘淤積體，一些由痛苦汁液凝成的樹瘤。這樹瘤淤積體，現在由於一個外來打擊，突然劃破了，無窮的憤怒要向外奔瀉，人再無法抑制。漫漫渾濁歲月中所埋藏的卑下感情，此刻，強項昂立。他們必須控訴，用無聲的悲憤姿態控訴人間，控訴法律，控訴星光和大地。當古典魔鬼舞正普及於黑色大地時，這種控訴是可憐的、絕望的。當幾十萬幾百萬人的命都像一堆稻草，被少數人踐踏時，這種沉默呼籲是微末的、脆弱的。可是，不管怎樣絕望與脆弱，人必須控訴。人寧願在控訴中死，不願在屈辱中生。

❷有些政治犯爲了通消息，利用勞動時，說明手敲牆壁的音響次數，代表英文字母，再譯成漢語羅馬字拼音，藉以交談。

絕食繼續。囚徒們蠟樣熔化下去。從第三天起，開始有人在死。他們本來臥病，這時被饑餓加疾病殺死。但死不再能恫嚇。人們堅持到底。他們早就一致約定：除非當局接受要求，絕不復食。

當局慌了。主子是要他們管活囚犯，不是要他們把後者全體造成死屍的。

從這天起，典獄長發動全體職員，分赴各號子勸說、恫嚇、分化，並且保證考慮他們的要求，唯一前提是：先復食。

囚徒們一致堅決表示：先接受要求，後復食。

大絕食第四天，這是印蒂畢生永不能忘的一日。在這一日，他眞正體驗到精神被侮辱的深度，究竟會怎樣深，人類的卑劣性，究竟怎樣深。上午八時，正當他和大家餓得頭暈眼花，癱成一堆，躺在床上時，管理科李科長，一個短頭髮銅鈴眼睛的黑胖子，和幾個獄警，攜帶大批食物進來了。獄警用熱水瓶先替每人沖了一大碗牛奶粉，內放兩個早煮熟的荷包雞蛋，外加白糖，此外，每人還有六塊西點。

李科長那雙兇險的銅鈴眼，第一次收斂殺氣，現出僞裝的和藹。他用沉重的北方口音，向大家誠懇勸說一番，並保證，只要大家先復食，典獄長一定接受全體要求。

「各位放心。只要你們先把面前這些東西吃了，回頭張典獄長會親自向你們一個號子一個號子宣佈：接受你們四項要求。」他使勁拍拍那胖胖胸脯子。「本來嘛！因爲經費有限，大家伙食確實是刻苦些，今後，在力所能及範圍內，我們一定設法改善。」

他走到印蒂鋪位面前，皮笑肉不笑的，低聲笑著道：

「印蒂，你放心，我們現在雖然已經查明，這次事件，是哪幾個人帶頭組織的，可我們絕不追究。只要你們復食，我們絕不再查究此事。你是個學者，我們一向佩服你的學問才氣，可不能餓壞身體呀！將來出去，還可以爲國效勞呢！……來，先喝碗牛奶！」

他把那隻冒熱氣的大碗親自奉過去。

「嘩喳」一聲，地上全是乳液與磁碎片。

也不知哪來一股神力，這個僅靠白開水維持了五天的年輕人，竟霍的從床上坐起來，猛的把那碗牛奶砸到地上。

「啊！餓了四天，火氣還這麼大。你們CP，眞是名不虛傳的硬漢子。佩服佩服。不要緊。奶粉有的是。來人！再沖一碗，擱在床邊，等他氣消了，再喝。」

「姓李的！你少貓哭老鼠，笑裡藏刀！你這一套把戲，今天在我們這裡，全是白搭！今天，在我們和你之間，是奴隸與奴隸主的鬥爭！是正義與邪惡的鬥爭！是人性與魔性的鬥爭！你們識相點，馬上宣布接受我們四條件！要不，你們準備一千隻棺材，把所有籠子裡死屍抬出去！」印蒂厲聲說，聲音充滿莊嚴，彷彿是摩西宣布十誡。接著，他又加了幾句：

「你儘管把牛奶聚成河，雞蛋奶油點心堆成山！一分鐘你們不接受四條件，看誰會碰它們！這裡的中國人雖然餓得躺倒了，甚至可能會死，可全是有骨氣的，不像你們這些寡廉鮮恥的奴才，爲了主子的一點賸菜殘羹，也會夾著尾巴乞討——」

他還想說，可氣接不下去了，像洩了氣的皮球，他頹然倒在床上。

「瞎，瞎，你眞能說，眞是個有骨氣的學者。好吧！我們走了。我相信，大伙兒全是識時務的，不會都跟著你走。是不是？諸位！好，我們走了。大家請用早點，如果不夠吃，等等，會再添些來。」

這個黑胖子陰笑著走了。他是進行心理戰。他知道，如若他和獄警繼續留在這兒，囚徒們不大可能當他面進食的。

李科長走了，號子裡二十幾隻眼睛，凝望面前那些西點，裝在一隻大竹匾裡的。裡面有奶油點心、雞蛋糕、杏仁酥、肉餃、芝麻油糕、奶油夾心蛋糕。那大碗雪白牛奶熱騰騰的泛出熱氣，它的雪白和一股股蒸騰的香氣，特別富有誘惑性。

二十幾條視線在它們上面盤旋了幾秒鐘，立刻畏葸的離開。好像一個老處男，四十幾年來，從未接近過女人，一個深夜，一個艷麗的年青婦人突然在他面前剝光衣服，露出雪白美麗肉體，他恐怖的絕叫一聲，抖顫著閉起眼睛。

只有一個人的眸子沒有離開它們——項若虛。

項若虛那雙鱗介型的冷淡眼睛，充滿了罕見的悸動、騷亂、渴望、期待，……。現在，他似乎漸漸脫離人的境界，踏入人與其他動物的邊陲界。在邊陲紅線這一邊，生命萬物清晰而強硬，在另一邊，一切矇矓。他掙扎著，盡可能壓制自己腳步，不滑過那根紅線，保持這條陲線的不可超越性。但是，他內心一股隱秘慾望，蛇樣往外爬，悄悄的、漸漸的、纏裹他，拖他往前，於是，那條邊界線的崇高影子，慢慢矮下去了。他兩眼逐漸模糊。這模糊，或許由那條蛇造成，或許由蛇以外的存在造成，他故意忽略這種差別性。他曖昧的放縱牠，讓牠黏住他向前，不知不覺間，他驟然吃了一驚，發覺自己竟站在紅線那一邊了。他不知道自己怎樣跨過去的。既跨過去，還有最後一線明亮，他可以退回來。他躊躇著。……那條蛇猛然用尾巴打了他一下，他終於完全倒在紅線那一邊，再爬不起來了。原始動物的幻形、像蛛網交織在他身上。一切越來越矇矓。他心中最後一盞燈熄滅了。一片黑潮全部淹沒他。

電擊式的，大家驀然被一個雷霆畫面震撼了。

他們看見項若虛那隻蒼自瘦弱的右手，像一條從地獄深處昇起來的魔影，慢慢慢慢的，向上舉、舉、舉起來；它顫巍巍的、一寸一寸的、慢慢慢慢的，像夜半僵屍突然抓住一個對象，死死抓住那隻大碗，枯乾的手指在碗邊停了一下，又慢慢慢慢的、抖抖顫顫的，端起那碗冒熱氣的雪白牛奶。……不久，另一隻手也慢慢伸出來，漸漸的，並不抖顫了，它冷冷靜靜的投到點心竹匾裡，拾了一塊奶油蛋糕。……

二十多隻眼睛爲電炬，掃射這饕餮者。這並不是眼睛，是二十幾條鞭子，在猛烈鞭撻他。

一片原始動物的模糊狀態包裹了這個饕餮者，他僵硬的脈管不再受激盪，他麻痺的血肉再不感任何鞭痛，他冷靜的喝著，吃著，……

炕床中間，一個人突然雙手掩住面孔，大聲哭泣了——是印蒂。

大絕食第七天，監獄當局終於被迫接受犯人的要求。因爲，從第七天起，幾乎每小時都有人在死，這是一個個驚心動魄的畫面。

當局對待承允的諾言，在一段時期後，雖又施展一切狡猾手段，慢慢把它撕碎，但在當時，絕食者總算勝利了。

從此以後，印蒂再不和項若虛說一句話。而且，閃電似的，他忽然恍悟舒連城臨終遺言的第四個字「不」，和他的搖頭了。

曾有一次，項試爲自己辯護，請求印蒂諒解，他巧妙的掩飾道：

「我們是爲革命入獄的，不是爲絕食來的，在這種黑暗環境下，我們即使全體絕食而死，也不能損害統治者一根汗毛，而吃虧的還是我們自己。我們這樣白白犧牲，對革命信仰也毫無補益。我們不該盲目感情用事，應該頭腦冷靜，以理智技巧應付現實。……我認爲，我們這一次參加絕食，就是件傻事。……羔羊向狼呼籲，能有結果嗎？……」

印蒂聽完他的狡辯：咆哮道：

「我厭惡你！唾棄你！你不是侮蔑我，妳是侮蔑信仰，侮蔑人類尊嚴。我不願和你辯。和你辯就是侮辱我自己。你枉讀了一輩子書。世界上最神聖的東西，永不是理論和狡辯所能達到的。理論和狡辯只能抓住人性糟粕，永不能摸到人性精華。生命中最崇高的存在，只要一兩個簡單動作就行了。去吧！去冷靜吧！理智吧！用你的技巧吧！去只顧目的不擇手段吧！去寫一百本大書替你辯護吧！——我祝賀你有一天能成爲中國權威馬列理論家。」

從此之後，印蒂不再望他一眼，對他說一個字。

但「理智」者與「技巧」者終於勝利了。由於這次在絕食中的表現，項若虛不久就蒙獄中青睞，從印蒂的號子裡搬出去，開始受優待。此後，關於項的消息，印蒂不再注意，也不願注意，只知道他和李科長的關係，一天天好轉，有人說，他就要移解到反省院。有的說，他可以保釋。有的說，他被徵調到管理科做錄事。傳說繁夥，莫衷一是。

一切傳說的最有力證明是：幾個月後，項居然出獄了。有的說是秘密越獄。有的說是寫了自白書。有的說是保釋。當局對此嚴守秘密，毫不透露一點。印蒂聽到這一消息，整整一夜失眠，在考慮一個問題：「假如我用一點卑劣手段，迎合敵人，就可以出獄，然後再回到革命陣營，這種純現實作風，究竟對不對呢？」他的結論是否定的：「革命信仰本身並不只是現實滿足，主要是代表一種無上的精神貞潔。任何卑劣手段先就破壞了這一貞潔。」

五

是在夜裡。這個太陽系的偉大星球睡了。十幾萬萬人睡了。那些撒過謊的嘴睡了。那些輕蔑過人的眼睛睡了。那些拿鋼刀從背後刺過朋友心臟的血手睡了。那些拿良心當客廳地毯終日踐踏的腳睡了。恨血者睡了。愛血者睡了。吮血者睡了。被吮血者也睡了。只有一個人沒有睡——眞理。眞理仍在黑夜睜大眼睛，凝望明天世紀，瞪視那些花斑毒蛇和山蠍子的平靜睡顏。

啊，又是這樣的夜。又是這樣的風砂。又是這樣的嘆寂。世界是幽邃的。夜是淵湛的。風砂是豪雄的。靜寂是深沉的，深沉的，深沉的。一切深沉的核心旋律中的核心旋律，卻是——

你！

你！眞理！

你！我的靈魂！

一片喧豗聲音在印蒂情緒深宮喊著：

啊！我的靈魂！我的靈魂！你爲什麼這樣苦我？你爲什麼這樣苦我？我瞅你像一頭受傷的捲毛金獅子，來自坦加伊喀獅窟，遍體紅毒毒的流血，出現於黑暗中，但你仍將那滿是淋血的嘴，拚命地咬我。嚙我，叫我遍體鱗傷，逼我的痛苦生長無數叢塊根，分不清是你的血，還是我的血，分不清是你的疼，還是我的痛。啊，我的靈魂！你爲什麼咬我？你爲什麼咬我？你自己已是血漓漓的，爲什麼還咬我？還咬我？

啊，我的靈魂！我的靈魂！你在哪裡？你在哪裡？現在夜更沉丁。大的深的黑霧陣捲去一切。你的紅灩灩的血體在黑暗中殞沒了。你仍在咬我，但我卻看不見你了！啊！你在哪裡？你在哪裡？我要看看你！看看你！

啊，我的靈魂！我的靈魂！我又聽見你的慘厲腳步聲了。你又在奔走了。你那雙赤裸的腳，早被荆棘球刺戳破了，你仍赤裸裸奔著，一步一滴血、一步一塊破、一步一個傷。你疲倦的奔跑。你袒露的身子早被冰風雪雹打模糊了，你仍不著一絲披掛與掩蓋。你只是不停的奔，無休止的跑。啊，我的靈魂！你究竟往哪裡去？往哪裡去？

啊！世界是可怕的！午夜是可怕的！我眼前爲什麼老是一片鍋底黑？我四周爲什麼儘是斧鉞聲？哪裡有流電？哪裡有雷火？給我電！給我火！我願流電閃瞎我的眼睛。我願雷火殛毀我的肉體。我寧願刹那的光明歡樂燒死我，不願靜享黑暗裡的永久和平。

啊，昏沉！昏沉！一切昏沉而虛空。整個世界好像從沒有出過太陽。太陽的火焰已經變成冰燄，完全凍結、僵硬了。宇宙已不是宇宙，只是一些昏沉的冰凍碎片，旋轉著、暈眩著、混亂著。沒有時間，沒有空間，沒有過程，沒有起始，沒有終點，沒有目的，……

啊，這個慘怛的世界依舊在腐敗、淫虐、橫暴恣睢、倒行逆施。在世界的一個角落，千萬人額手籲天，喊著要麵包、要飯；在世界另一個角落，統治階級卻忙著玫瑰展覽會，時輪金剛法會，忙著開幕剪綵擲瓶禮，忙著選舉「皇后」、「第一小姐」、「第一夫人」，……。在世界的一個角落，孩子們窮得連褲子都沒有，光著小屁股小腿在風沙裡跑，千百萬人今天愁慮明天糧食；那些戴黑高帽子，打白領結的領袖們，胸前掛滿大綬章和彩玉勛章，卻整日整年忙著電報戰、宣言戰，這個口啣哈瓦那大雪茄，喊著要「爲人民謀幸福」，那個在開麥拉前面，喊著要「救國救民」。在世界的一個角落，一些鬼樣的農民搶著吃榆樹葉、柳樹皮、觀音土、蒿草根；在世界另一角落，統治階級卻整噸整噸把小麥和咖啡倒入海內。在牢獄裡、秘密囚室裡，千百萬人被監禁，被鞭撻，被灌辣椒水，灌洋油，被吊打，上夾棍，上電刑，被殺，被燒，被活埋；在教堂裡，學校裡，公共大集會裡，上流階級卻大聲喊著：「上帝創造世界是爲了愛。」「愛你的鄰人如愛自己。」「四海之內，皆兄弟也。」在城市，農村，人們饑寒交迫，幾百年來，張眼渴望永久的和平、溫飽、安定；在皇宮內，金碧輝煌的巨廈中，統治階級的外交家們，幾百年來，化了無數千萬的錢，喝了無數千萬瓶的美酒，忙著這個「談判」，那個「條約」，這個「會議」，那個「協定」，忽而大家又翻臉了，又化無數千萬的錢，把無數千萬張眼渴望安定的人趕到戰場上塡炮眼、做炮灰。在鄉村，荒野，幾千年來。人們永遠衣衫襤褸，啃窩窩頭，風吹日晒雨淋，匍縮在田裡，牛樣賣命、掙命；在皇宮裡，高貴堡壘內，巍峨大樓中，爲了「拯救人民」，統治階級們喝著各式各樣的酒，永遠在擬這個「計劃」，那個「計劃」，一直「計劃」了好幾百年。在一個四萬萬五千萬人的國度裡，大人物們在廣播電台上滿口喊著「人民」，在麥克風前狂喊著「人民」，在會議裡大喊著「入民」，在電報和宣言裡滿紙大喊「人民」，——但卻有四萬萬三千萬人從沒有聽過這種聲音，也永遠聽不懂它。這個偉大的大陸上，偉大人物們「人民」喊得越響，他們的法國種哈吧狗越胖，「人民」卻越來越瘦。一個社會黑得已伸手不見五指了，那些「名人」和「學者」，卻拚命用紅色裱糊紙剪許多太陽，貼在十字路口警崗上，高喊著：「太陽比從前更多更亮了！」一套制度破爛不堪，全靠撒謊來維持了，那些文士們卻在垃圾堆上搭畫架子，一面喝咖啡可可，一面揮舞彩筆，在這垃圾制度四面裝飾虹霓與雲霞。……

啊，無恥！無恥！無恥！……這個世界是無恥結晶！這個由黑暗結晶的世界，人道和詐騙已成爲一對孿生子。你不能信賴任一片嘴唇。你不能相信任一個聲音。你不能信賴你自己的眼睛。任何一滴靈犀聖潔，從心裡上達喉管，就抹上一層印度蝮蛇的毒液，到了舌上，再抹一層毒汁，抵達唇邊，又塗一層，到變成聲音，再抹一層，……。梟獍在神壇上唱聖歌。魑魅在道德行列裡扛大纛義旗。

這個糜爛的世界，也有一些超然煢立的可愛存在，天空鳴奏笛鈴翩躚翔舞的白鴿子是可愛的，水蒼玉似的雲彩是可愛的，藍色大海是可愛的，寶石般地燦爛星斗是可愛的，紅麗朝霞是可愛的，修曼的「蝴蝶曲」是可愛的，克銳斯勒的提琴聲鳴奏是可愛的，少女的眸子是可愛的，有白鵝浮游的噴泉水池是可愛的，婦人的紅熱胸膛是可愛的，森林裡的月夜是可愛的。——可是，啊，這一切我都不能愛。我寧願讓西班牙舞曲飛旋門外，讓幸福的「迷娘歌」唱在門外，我依舊把自己關入門內，關在痛苦和黑暗中，讓自己單獨挑起別人所拋棄的。寧願活生生聽青春一刻一分一秒從我身邊滑過去，看青春一寸一尺一丈的從我身畔離開，我依舊握著一根無情線，把那迢迢萬里外的老年提早卅年拉到面前。我寧願眼睜睜，一手硬把少女紅唇與黑髮推開，把少女的甜蜜和溫柔推開。一手卻拿起苦藥杯，殘酷的舉到唇邊。啊！我將那一朵朵如花似玉的吻推開！我把那一片片維娜斯的胸膛推開！我將那光滑的絲綢衣服推開！我把那無窮無盡的甜夢推開！啊！我拒絕華格納的「婚禮進行曲」！我扔掉那一枝枝艷紅玫瑰花！我敵視那羔羊樣的白色和平！我否定陽光和草地！我唾棄橄欖葉編織的月桂冠！我不聽濟慈的「夜鶯曲」！我砸了一杯杯葡萄酒！啊！幸福！幸福！幸福！我現在只好把你送到博物館和故物陳列館裡！在這個世界上，只要還有一個哭泣聲，——我絕不能把你的杯子舉到唇邊！

六

痛苦的黑流，不斷從鐵窗下滾過去。

自有人類歷史起，黑流就開始滾，今後將要一直滾下去。牢獄就是黑流的傑作之一。一個囚徒就是一座粗糙河床，必須忍受那無開始也無終結的洶洶黑浪，以及黑色的冬天，終年狂飛亂颱的風雪。沒有明天。沒有黎明。沒有太陽。沒有美麗。凝立鐵柵欄的窗下，像一頭柙中飢獸，張大被痛苦獰扭得發魔的眼，瞭解窗外自由藍天，和一隻隻翱翔飛鳥，永遠是期望，不會滿足也無法拋開的期望。期望啊！期望那些站在高高魔峰頂的人物，有一天也能懂得眼淚的意義，和創口的鹹味，突然把道個被歪扭的世界扳正過來。期望大自然忽然狂烈變化，把一切牢獄的暗淡痕跡拭滅。可是，誰能了解這些期待？誰願化時間咀嚼：這被鋼鐵柵欄所封閉的一整個死海的腥味？希望！希望！把一千一萬個希望投出去，投向絕望的天空，擲入絕望的大地。縱迴聲只是一陣嘲笑，一個帶奢侈色彩的嘆息，希望者也仍得希望，希望一千個夜晚的哭泣有一天能溶化那些石塊，震碎那些鋼鐵，……

夜深了，印蒂跪在地上，環抱雙手，抬頭凝視鐵窗外的黯藍天穹。就這樣，他有時消磨半個整夜，甚至一個整夜。他跪著，全身縮成一團，用最溫柔的姿態，籲望這一角天窗所呈現的唯一大自然斷片，彷彿呼籲奇蹟。這種可怖生活，至少還得一頁頁撕完九本日曆，重複三千幅陰慘畫面，才能給他新的機契。有三千扇以上的死門正在等待他，誰知道他能不能支持到這十年苦難的最後一天？即使他能熬到服刑期滿，那時候，他還能像一個「人」麼？啊！只有奇蹟，才能拯救他。可是一想起奇蹟，他就聯想項若虛。他是不是要仿效他，用卑鄙而狡滑的技魎，設法脫獄？——他唾棄這！

「可是，我難道就這樣白白消耗自己生命？浪費青春？讓這黃金的十年，耗費在早上等太陽爬上鐵欄杆，黃昏送日光離開鐵窗？整日望著這四堵灰暗牆壁，和這些像牆壁一樣空虛的臉孔？聽這些言語乏味的聲音？吃這一缽缽發酸的飯？和父母朋友同志隔絕？成天無書可讀？再不，單調的紡紗？手搖機器麵，或者織造毛巾，搞縫紉？這就是一切？而我得蝸牛樣爬著，活著，生活裡沒有色彩，沒有血素，沒有光輪？我當眞要讓自己發霉發臭發爛完事？或者，變得像酒精瓶中泡著胎兒胚型，鬼樣的不成人形？我為什麼要這樣？要這樣？這樣被懲罰？……」

他又聯想到奇蹟。

只有神話式的奇蹟，才能幫助他脫離這種神話式的地獄苦難生活。

一想到奇蹟，一陣絕望情緒擁塞住他的血管。

……………………

七

一個陰暗下午，入獄近一年，他生活裡第一次發生一件不平凡的大事，也可說是奇蹟。他接到獄警通知，有人要會他。

幾百天來，這是外面世界第一個生命探望他。先前，不要說生命，就連一個郵包、一封信、也未收到過。

他被帶到會客室。

他懷著好奇，才踏入室內，還沒有看完第一眼，渾身每一纖原形質都抖顫了，眞是出現奇蹟。它天旋地轉的捲昏他。他再不敢相信自己眼睛。

印修靜先生坐在方櫈上，嘴吧叨了個黑檀色煙斗，沉思的噴吐寶藍色煙篆。他整個神態，給人一種匍伏於陰暗沼澤的鱷魚的印象：又陰鬱，又黯慘。他大約抽煙很久了，抽得特別兇。滿屋子都是煙味和煙霧。他簡直是一口緊接一口的吸著、噴著、吐著。抽完一斗，又裝一斗。他沉浸在這種機械動作中，噴造一大蓬一大蓬的暗淡煙霧，然後，再讓自已的情緒與思想沒頂於這大片大片的幽緲氣體裡，彷彿要藉它痲痺自已身上每一根神經纖維。他的臉色，比四五年前蒼老多了。一種五十多歲的人常有的疲癃神態，從他皮膚每一根汗毛孔中露出來。他額上的皺紋，過去只是素描式的，現在卻是雕刻式的了。他兩鬢斑白，下眼泡開始鬆散而凸出弧形，一雙陰重的眼睛，滿罩沉甸甸的憂鬱氣氛。在他淡黃臉孔與身體形態上，刻畫著矛盾的痕跡，一種是深深被壓抑的，一種是固執求擺脫的。後一種顯然尙佔優勢。因而，一個深刻了解他的人，便會發覺：當他此刻拚命吸煙時，他身上混合著兩種存在。一種是依附於他的肉體形象，纏夾普遍的人類情感，另一種卻比較虛幻，不僅想由肉體形式逃走，也要從整個人間出奔，似乎要逃到古生代二疊紀或中生代侏羅紀。在這種逃走中，他努力要把自己的生命動態和結構壓榨得極單純，單純得像那只有一個細胞造成的矽藻，在洶湧大海中依然能自由飄動、生存。靠著這種單純，他填塞內心那個巨大的黑暗巖穴，以及無窮的煩懣、昏沉，和騷動。

當印修靜先生抽第四斗煙時，聽見一陣奇異的金屬聲。他微微顫抖的轉過頭。

印蒂出現在門口：那奇異沉鬱的叮鈴噹啷聲是從他腳下發出的。最近由於對獄吏的一次反抗——爲了打抱不平，（他總歡喜管閒事，替囚友抱不平，）和後者大爭吵，他們懲罰他，臨時罰他戴十天腳鐐。正是在這段期間，他竟走入會客室。

他望了一眼，突然又轉回頭，格外用力吸煙，並不從嘴裡取出煙斗，也不特別招呼進來的人，只用空著的左手指指桌子對面的木櫈。

印蒂遵照父親示意，默默隔桌坐著。當他剛看見父親時，本有一個大衝動，想擁抱對方。但這一意志旋即被後者神態中的奇靜所鎮壓。他似乎受了傳染，也陷入深深靜默中，且漸漸感到靜中的嚴重成分。

在煙霧繚繞和阻隔中，印修靜先生抬起那雙慣愛怔怔下垂的陰鬱眼睛，懷著最大的克制，夾著無限的蒼茫和迷亂，神秘的端相兒子。

坐在對面的這個人，他幾乎不能辨認了。一張蠟黃得可怕的臉，像害了嚴重黃疸病。兩頰毛茸茸的，瘦削成三角楔形，使下巴現得特別尖。一張嘴已看不大清楚，大半陷入亂蓬蓬鬍髭中。頭髮長長的、亂毿毿的，散披在額上，頰際，有點像太平天國的長毛兵。他本來魁梧的兩肩，瘦成一副骨架子，再瘦下去，將要單薄得跡近冥紙店的紙紮人了。他穿一件藍布襯衫，又髒，又破，又舊，下面是一條玄灰色褲子，赤著腳，踹一雙舊布鞋，雙腳踝鎖一副輕型鐵鐐，剛才那陣奇異聲音，就是從它發出的。從他臉上身上，印修靜先生幾乎再找不到過去的熟悉痕迹。兒子臉孔不再有那些激動的飛躍的條紋，只蒙絡一層徹骨的沉靜。那個年輕的印蒂已經死了。這裡坐著的是一個陰重的中年人。在他全部鏤象上，只有那雙深邃大眼睛還沒有大變。在這張黃瘦臉上，這雙本來就很大的眼睛，更現得特別大，彷彿它上面既沒有眉毛，鼻子，也沒有耳朵和嘴，只有一雙眼睛。由於長期營養不足，眸瞳雖很疲鈍，卻仍燃燒著火燄的餘燼，裸露他靈魂裡的倔強、粗礦，與鋼鐵式的堅定，這是他襤褸形體上唯一不襤褸的成分。

看完這張臉，印修靜先生第一次中斷抽煙，（煙斗仍啣在嘴裡，）低下頭，閉了閉眼睛。他在努力咽下一點東西。……他在做一種掙扎，掙扎著想按照自己早已定型的老軌跡，把一切生命動態和結構壓榨得極單純。但是，不管怎樣單純，一滴滴眼淚還是悄悄從眼角滑下來。他似乎吃了一驚，立刻裝做不經意的，用袖子在臉上擦了擦，接著，拚命抽煙。

一陣難堪的沉默。

與父親閉上雙睛同時，印蒂眼眸卻完全潮濕了，一大陣眼淚要往外衝，但他盡力鬥爭，把它們大部分壓住了。他似乎預感當前局勢內層的特殊性。在這種特殊性下，眼淚將會害事，會把自己整個信仰毀滅。

然而，他仍貪饞的不時望著父親。可他不能久望，否則，即使他不會跌倒在地，也將嚎啕痛哭。如果他能強忍住哭聲，那時他將面臨一場更可怖的內心鬥爭。但他必須時而望望。因爲，被望者不僅是他的血緣骨肉，也代表外面世界和它的生命。他已好幾百天沒有接觸它了。不管這副有點老耄的臉孔現出怎樣抑制沉痛，它依舊散溢外面世界的廣大自由的氣息，而且，他那灰白的鬢腳，閃射眞實的陽光，一種大自然的生命光輝。超於一切，他是自由人，和自己渾身牢獄氣味一對比，這種自由更具巨大誘惑性。雖然這個世界是黑暗的。有些人企圖改造成如此的，但此刻，它仍象徵無限光明，而生物學家正是光明的化身。只要多看他一眼，好像就能多吮吸一口光明汁液。還不說他整個形態所流露的家庭溫暖，與天倫博愛。

儘管四條視線偶爾聯結，但雙方一時卻想不起現實的聯結和溝通的方式。這種溝通，像在兩座遙遠的山頭上搭天橋，首先得克服那遙遠距離。這本不是幾分鐘內造成的，此時想在幾分鐘內征服它，極需一番掙扎和努力。一切都來得異常突兀而模糊。好似一個昏睡後的酒徒，睜開眼，忽然發現身邊躺著一條巨蟒。一種極奇怪的感覺。這巨蟒是一隻大手，正卡住他的喉管，要挪開牠，很不容易。

「很久沒有接到你的家信，你母親急的不得了。……我左打聽，右打聽，到處托人。……我最近總算從政界一個熟人那裡得到你的消息。儘管你沒有供認，但他們卻弄清楚你過去所有經歷。」

好不容易，印修靜先生才從嘴裡拔掉煙斗，極頓挫而低沉的說出這五十個字。話語就這樣開始。溝通也就這樣開始。

印修靜先生極緩慢的說著，聲音非常莊重、虔篤，微微帶點呑吐，彷彿是和喘最後一口氣的病人說話，預料對方馬上就要變成死屍，因而努力把自己每一個字深深撳入對方皮肉和血裡。他說一會，就停下來，抽煙，用沉思式的煙紋當鉸鏈，鈎住前後的話，他告訴印蒂，前幾年，最遲每隔兩三月，總有一封家書，（印蒂做秘密工作後，也仍然用掩飾的信，來報告自己平安。）這一年多來，信全斷了，他很焦慮，母親也非常急，爲他病了一場。他不得不模仿兒子筆跡，僞造了幾封信，托外地友人轉寄家中，這才穩住她的心情。這以後，他親自到S市一個世交那裡，（印蒂嘗藉口跑生意，行蹤不定。托他收轉家書，）雙方詳細研究後，判斷兒子幾年來可能幹些什麼，並約略猜測印蒂大約正在遭遇哪一類變化，便循這一類線索，私下向各方面打聽消息。費盡九牛二虎之力，總算找到熟人，向關係方面探聽，終於，有一個熟人給了他正式線索，他才明瞭全部情形，……。但這一切經過，他母親還矇在鼓裡。

說到這裡，語調忽然抬高了點，他認爲有顯露話裡分量的必要了。他嚴肅而帶有哲學意味的道：「這幾年來，你也算經歷了不少風波。特別是這兩年。我想，你的觀察和觀念，多少也應該有點改變了。」

一直沒有開口的印蒂，這時卻打斷對方的話，低低的問道：「父親，您這話是什麼意思？」

印修靜先生深深吸了幾口煙，一隻手慢慢撚著頰下三柳長髯，沉重的道：

「我的意思是，假如現在有一個機會，讓妳表明你的觀念改變，你是不是應該接受這個機會？」

說到這裡，他敲出煙斗裡的灰，第一次把它放在一邊，語調突然變得明朗了。他沉鬱的然而很堅持的道：

「你知道，二十年來，我一直力謀遠絕人寰，生活在半隱居狀態裡。我沒有什麼需求於社會，社會也沒有什麼需求於我。我厭惡人與人之間的一些糾葛，一些舞台場面。但是，這一年來，爲了你，我不得不放棄個性、我的意識、我的獨立、我的自尊，以及多年來我的生活信念，來與世俗和政治社會周旋，來賣我的老面子，找我多年從不屑一顧的那些朋友、同學。（說到這裡，語調含蓄起來，隱藏了許多話。）還算好，經過一番奔走，他們總算——不過，這一切不是沒有前提的。唯一前提是，你多少得表現你的觀念改變。一篇自白書或悔改書。」頓了頓，沉鬱的嘆了口氣：「那麼，你的自由可以立刻恢復。」

印蒂陰沉的慢慢的道：

「父親，這就是您這一次來看我的主要目的？」

印修靜先生嚴肅的點點頭。

又是一陣沉默。

父親的許多話，似乎都沒有「撳」到印蒂腦子裡。通過這些話，對方的許多情緒，似也沒全能透入他的心版。緊緊抓住他的，只是對方的一兩句話，一兩個名詞。它們像孫悟空的金箍棒。雖然只那樣簡單、短小，卻兜底攪動他精神江河。一年來，深深沉澱於沉悶河底的許多東西，全強烈的升騰起來。他陰重的瞧了父親一眼，仍然沉重的慢慢的道：

「我很難過。會叫您失望。」口氣稍爲斬截。「我不能接受這樣的「機會」。」

生物學家似乎早預料到這一類回答，神色仍很鎮定。他撚著三柳長髯，陰鬱的問道：

「爲了你自己的生命、健康、和安全，你不能？」

「嗯，不能。」口氣很斬截。

印修靜先生的聲調微微嚴肅起來。

「即使不爲你自己的幸福和安全，爲了我，爲了你的母親，你也不能？」

「嗯，不能。」印蒂斬釘截鐵的說著，微微雜了點苦味。他突然爆發起來，每字每句，彷彿都是鐵錘在鐵砧上打起來的火花：「現在，坐在您對面的，不只是一個父親的兒子，也是一個眞理的兒子。爲了對後一偉大父親表示誠意，他不能不拿出全部勇氣，發誓來做一個人。對於這個『人』，家庭只是一個鎖鏈，他擺脫了以後，絕不會再套上。他對這一鎖鏈是否繼續效忠，他保有絕對的自由。」倔強而堅定的：「人類對於眞理的『觀念』，從不會『改變』，也絕不可能『改變』。相反的，隨著生命的痛苦和黑暗，這一『觀念』只有一天天加強，加深，加大。因此，我毫無什麼可以『自白』，也絕無什麼要『悔改』。」

印修辭先生重新由桌上拾起煙斗，裝上煙葉，放到嘴巴上，好一會沒有取下來。他猛烈的吸著，臉色陰沉。大團大團的煙霧瀰散開來。他似乎想藉它們稍稍舒解胸中被噎塞的成分。四周空氣越來越沉重，整個屋子像一隻儲滿「蓋斯」的箱子，非常抑塞。沉默再度滲透一切、在沉默的炯戒與煎熬中，他們雙方都微微低頭，不再互看。他們彷彿並不是父子，而是角力場上的兩個力士，都在竭盡全力，要把對方摔倒。他們在相互掙扎、反抗、擺脫，又要完成什麼。這一切擺脫與完成，卻又極其困難。然而，經過若干時辰，在這一場角力中，印修靜先生終於漸漸潰散下來。抽完一斗煙，他終於帶著一種傷感、沉痛，幾乎是懇求的聲音，低低的道：

「蒂兒，你對於你年老的爸爸和媽媽，難道一點憐惜都沒有麼？」老淚開始從他眼角流下來，聲音有點哽噎了。「你知道，這一年來，我過的是什麼日子？你媽媽……」

印蒂抬起頭，眼睛完全潮濕了。但他仍以最大努力，強忍住眼淚的洪流。他用一種很痛苦的聲音，掙扎著道：

「爸爸，假如在這個世界上，我愛什麼人，那麼，從我心坎最深處，我最愛你們：我的爸爸和媽媽。可是——」他躊躇了一下，又痛苦的恢復先前的堅定，痛苦的道：「在這個世界的另外許多角落上，也還有另外許多人，需要我愛。愛不是金絲雀，只應該供養在少數人的雕籠裡，讓大多數人聽見牠們的囀唱而哭泣。……人類歷史開始於普遍，不是開始於特殊。」他深深回憶著，沉痛的大聲道：「爸爸以前曾經說過幾句話，我還記得。爸爸說：『我們的所有努力、掙扎，只不過爲了或遲或早投到那永恆黑暗的毀滅裡而已。』是的，生命本算不了什麼，一切生命或遲或早，總要毀滅，但是，只要毀滅的火能把我全生命燃燒成一片光明的愛，在千萬人民眼裡照亮過一剎那，哪怕是極短的一剎那，我就很滿足了。我也只能用這樣的一剎那，來同時報答我的親生父母。此外，我不能再拿出別的報答你們養育之恩了。」出於他的意外，眼淚洪流終於爆發了。他滿臉是淚水。但他卻抑制住哭聲，用極沉痛的聲音道：『啊！饒恕我吧！爸爸！請您求媽媽也饒恕我吧！您們的孩子，絕不是爲了自己，才在您面前說出這樣無情的話。請您們看在苦難的中國的面子上，請看在千千萬萬受苦受難的人民面子上，饒恕您們的親兒子吧！准許他這一次獻出自己的生命吧！……

印蒂說不下去了，他低下頭，雙手支頤、閉上眼睛、低低哭了。

不管他怎樣壓制，他還是哭了。從見父親第一眼，一直堅持到此刻才哭，他自認已是奇蹟了。他從來不想做花崗岩，也永遠不想做石頭。他是人。他不可能忘記二十幾年來的父愛和母愛，特別是媽媽，一想起她的慈容和愛心，一滴滴眼淚就要不斷落下來。此刻，一年多來的痛苦，一經這一場面的刺激，終凝成一片片火山彈、火山礫、火山砂，儘管他百般強壓，仍有一部分衝出來了，爆炸了。但他們竭力壓制。他幾乎想大喊，用另外一種聲音，大喊出自己的內心矛盾與痛苦，但他依然盡情千般壓制。最後，爲了恢復自己常態，他舉起衣袖，連眼裡稍爲潮濕一點的液體、也統統拭乾了。他又恢復了高度冷靜。彷彿這冷靜深一分，眞理也就多鞏固多保障一分，正義也就多光明多被保護一分。

印修靜先生深深嘆了口氣，繼續抽煙。沉思了一會，似乎發現一點新結論，作著最後努力。沉重的問道：

「蒂兒！我最後再問你一句話：你信任不信任你的父親？」

「您這是指那一點說？」印蒂抬起頭。

「指他的人格，他的誠實。」

「這個，我當然信任。不僅信任，我一貫敬重。」

「那麼，好！將來假使發生另外一種情形，就是：不要你寫什麼東丙，或表明什麼，無條件的，你就可以恢復自由，你是不是信任你父親的誠實呢？」

印蒂搖搖頭，不大相信：「這個，我怕不大可能。……無條件，這是一件不可能設想的事。我從來沒有想過這個。」

生物學家離開座位，站起來，挺了挺他那蒼老微弓的脊背，沉痛而毅然道：

「孩子，我要爲你盡最大的努力。不管怎樣，我要盡最大努力。」停了停，又重複一句：「嗯！最大的努力！」沉思著：「大約三個星期內，我會再來看你。你等我的消息。」

他走到桌子另一邊，那上面有兩個白布大包裹。

「這一包是換洗衣服、鞋襪。那一包是吃食，一些牛奶粉、雞蛋粉、餅乾、罐頭牛肉、豬肉、白糖。」從身上取出一紮早疊好的鈔票。「這一百塊錢，給你零用。你想吃什麼？買什麼？儘管用。千萬要保重身體。必須馬上開始設法恢復體重。瞧你現在這樣子，……。」他掏出手帕，拭拭眼淚。想了一下，又解釋道：「關係方面已通知獄裡，這以後，可能會對你稍稍優待一點，並且給你點便利。你不必爲此想得太多。」

印蒂機械的站著，癡癡的然而微微掙扎的望著父親。

三星期後，命定的時刻，終於蒞止。

印修靜先生第二度出現獄中，這也是他最後一次的訪問。他帶來驚天動地的消息：印蒂可以無條件釋放，既不須寫悔改書，也不必發表自白文件，或履行其他義務。他唯一的要求是：兒子必須立刻回家，陪伴老母，寬寬她的心。他並不強留兒子長守家園，和雙親終老，只希望他能住一個短時期，先完全恢復健康，並且，讓經年累月在憂慮中掙扎的母親，得到一點安慰。此後，兒子的行動，他絕不干涉。

這樣一種炸彈性的消息，印蒂事前雖不無預感，但臨到兌現，仍覺太突如其來，說不出的震動且驚駭。最初，他不敢相信自己的耳朵，繼而，懷疑父親別有圖謀，另設圈套，隱瞞了這一消息後面的許多秘密，終於，一腦子烏雲黑霧，被父親一頓話撥開了。

印修靜先生淡淡苦笑道：「你是一個唯物史觀信徒，難道連現階段的中國政治建築結構都不懂得麼？這個古老國家的統治力量，它的豪華宮殿有的是結實礎石，並不單只差你這一條屍身來舖砌。偌大一個統治政權，它的鞏固與持續，也不在乎你這一點點鮮血。一種畸形政治，它要一條人命很容易，它放掉一條人命也很容易。中國的官場內幕，你們弄政治的人，應該比我清楚。……」

印蒂不再躊躇，（他身上幾乎每一顆細胞都在支持父親的聲音，）立刻答應父親要求。不過，他加了點解釋，也可以說是反要求，就是：他希望單獨出獄，父親不必接他，陪他。出獄後，他必須孤獨的在外面住幾天，此後，他大約到S埠去料理一點私事，最後不出兩週，他一定返家。他祈求父親的信賴。

生物學家深知兒子脾氣，當即允許他遲二星期回家。

他們又談到出獄手續及其他瑣事。

從這場談話到第三天出獄止，印蒂再不能安靜。白天黑夜，他滿心滿腦子都膨脹得像輕氣球，似乎隨時要炸。他幾乎不再想任何事，唯一想頭只是——監獄高牆外那片亮。

「一些碎火花似的思想燃燒著。

「……一個結束……一個開始……一個新頁……一片新的情緒……過去的過去了……應該哭的哭過了……應該來的讓它來吧！……人沒有理由不愛自由。……人沒有理由不愛自由。……我必須出去！……我必須出去！……出去看看這個依舊燃燒著太陽的世界現……」

第八章

一

自由！自由！自由！自由！自由！自由！自由！自由！自由！這是生命中的生命。人性中的人性。爲了自由良心，兩千年前，蘇格拉底毅然高舉毒藥杯，微笑仰首，一飲而盡。爲了自由愛❶，耶穌大踏步登各各他山，邁上十字架，無畏的讓自己被剝光一切，任巨大鐵釘鎚入自己赤裸裸肉體。爲了自由眞理，白魯諾傲然走進羅馬斐奧利廣場，眼睜睜看著毒火從四周燃燒起來，活活燒焦自己的皮肉。爲了自由氣節，伯夷叔齊躋登首陽山，聽饑餓把自己扯成齏粉，卻不屑望一眼遠遠搖舞於田問的周粟。……沒有自由的生命不是人性生命，那只是一堆活動的骨渣子、肉架子。自由是南極圈的風，日夜狂吹猛刮，無休止，無涯涘。自由是螢鯛魚，燦爛的游泳于生命海洋，永遠閃射瑰麗的光芒。自由是含金的岩石，又輝煌，又堅硬，蘊藏於深山是一片堅硬，表現在人間是一片輝煌。自由是七色蓮，從早到晚。隨不同時辰，放不同生命彩色，展不同生命蓮花，從底層開起，一級級開上去，越開越高、越靈。自由是鸚鵡螺、它的動力生命不斷成長，不絕構造新形像，永遠拋舊捕新。自由是冰蝕輪迴、乾燥輪迴、海蝕輪迴，揭開生命大地的創世紀，重雕它、凝鍊它，使它多樣多姿，儀態萬千。白由天狼星似的亮在天上，大鵬鳥似的飛翔雲霄，金錢豹般的奔逐崇山，鞭藻般的浮在水上，鳶尾花樣的飄在野外。啊！叫宇宙旋滾出大星雲火燄的是自由。叫少女在粧台而做夢的是自由。叫麋鹿馳騁於白樺林的是自由。叫嬰兒在搖籃裡微笑的是自由。啊，自由！自由！自由！自由！自由！自由！……

❶此處「愛」字作動詞。

「我自由了！我自由了！我自由了！我自由了！我自由了！……」千萬種聲音在印蒂心裡狂喊。他才走出監獄大門，就面對那兩座陰沉囚牆，大喊了兩分鐘，也不管行人怎樣好奇的瞪著他，把他當個瘋子。他不僅要對囚牆喊，還要對全世界喊：「我自由了！我自由了！……」一陣陣洶湧澎湃的情感，群狼樣要從他胴體內衝出來，他抑制不住的連跑帶跳，在獄外廣場上狂奔起來，肩上前後揹了兩個大包裹。十幾個月來，他第一次眞正感悟到兩腿的意義。過去若千年，他從未發覺它們有這麼多涵意，又濃厚，又淵深，又複雜離奇的意義。這時候，不管他怎樣瘋奔狂馳，前面再沒有囚牆和鐵柵欄否定他的雙足了。他可以無限制的滿足自己「衝」的慾望，後者像古代周秦銅器，被壓抑在地底多少個月了。他羼子樣蹦著，跳著，全身沈浸於解放的狂潮。跑著跑著，他的疲弱兩腿終於支持不住，猛可栽倒下來，摔得很重，膝蓋流出紅血，但他一點不覺痛。就地上坐了半晌，他站起來，又跑，跑不久，又栽跌，跌了跑，跑了跌，這樣重複好幾次，直到他毫無能為力，全身筋骨酸痛不堪，他才坐在通大街的廣場盡頭。暫作休息。場子四週，有些行人圍觀他，他不管，就直直坐著。

這正是初秋午後，太陽依舊兇烈，鎔鐵塊似地焚灼一切，但他毫不覺熱。這時，即使把他投入鍛鋼胚的「紅爐」，他寧可被炙成一片焦糊，也不會叫熱。有生以來，他從未覺得生命是這樣新鮮，這樣可親，這樣明媚。那繞鑲生命邊子的自由珠寶，平日經常在光亮中把玩，不知不覺已黯然無光，此刻，闊別一年多，再從黑暗中突然走近，這才發覺它們無限熖爚燁煒，光芒萬丈。在成千成萬串自由珠寶的閃熠中，整個世界彷彿是一座剛造成的驪山阿房宮；一磚一瓦一木一石，都是滴溜溜新鮮。不能再新鮮了，也不能再動人了。這一切，簡直是叫人不能忍受的艷緻。印蒂張大全副眼球，注視藍天和大地、陽光與人影。望著望著，眼淚一串串湧出來。他忍不住哭泣起來。他哭泣世界是這樣可愛，天空是這樣可愛，大地是這樣可愛，而這一切都來自自由，沒有自由的情感，這一切都不可能。

休息了一會，終於爬起來，他走到街上，眼睛再度潮濕了。

啊，這座C古城的一條又一條的石子馬路，這葳葳蕤蕤的街，泄泄沓沓的街，彎彎曲曲的街，過去因公來此時，一見到就想作嘔。眞奇怪，現在他對它們一點嫌惡都沒有了。從它們的破敗與腐臭中，反感到一份莫名的欣喜。這些湫隘的街道，照例震響嘎啞的無線電，一陣陣女歌音怪聲怪氣的抖嘶著。商店內，貼滿紅綠紙條，「削碼狂賤」、「驚人便宜」。小喇叭伴著銅鼓吹奏孟姜女小曲，吸引一群行人。到處是布招、布旗、布幔、布篷，紅的、藍的、白的、三角形邊子的、長方的、結綢綵的，……一片片爭榮競秀，穿插不盡。僻靜的青石板小街上，孩子的青尿布，女人的紅褲子，晾在行人頭上的長竹竿上，一邊搭屋簷，一邊搭電線柱。電燈線電話線虬結天空，是一些天然的鋼鐵六弦琴。高托白磁杯的「丰」字形電桿，衛戍似地長長排下去，一些「白濁丸」和「淋病特效藥」的紅綠廣告紙，無賴的團團黏貼著它們身軀。馬路高高低低，陰溝的霉臭水流入街面。行人們擁擠著，豕鹿似的愚駭，鼻涕蟲般的盲目。一切呈現囂亂、污穢、混濁。可是，眞怪！印蒂睇望這一切，卻充滿感激與迷戀。就在這些昏亂憒眊的陋街面，他第一次發現如此豐茂的瑰麗，它們彷彿是裝扮成乞丐的皇帝，襤褸中蘊蓄無窮的神奇與高貴，使他傾往，膜拜，幾乎想匍匐下來。他愛那發臭的陰溝，受那村俗的無線電，愛那醜惡的喇叭，那發青的尿布，那些店伙計虛僞的笑，那些乾枯而赤裸的乞丐，那些氣味薰十里的公共廁所，……

一點也不假，他流著眼淚愛它們，因爲，它們對他證明一個現實眞理：他自由了。

他穿過一條又一條街，像但丁逛天堂，又瘋狂，又虔敬。在一條幽僻街角上，他發現一個光赤身子的小乞丐，約莫八九歲，一見這孩子的天眞神情，說不出湧起一陣熱情。他突然跑過去，抱著那條渾身泥垢的小身軀，吻了吻他污髒的黃臉，接著，帶笑給了他一塊錢。孩子征征望著他，給他的瘋勁駭呆了。

經過一座弓橋，他瞅見一輛洋車。吃力的在斜坡上滾動。他立刻跑過去，在後面幫助推，把車子直推到橋頂。座客以爲他是討化的，丟了兩個銅板給他，他笑了，從地上拾起來，又拋給橋下一個老女丐。

街邊，一個賣梨膏糖的唱著，被一圈人圍著。印蒂聽那江湖客一面拉手風琴，一面唱，眼淚又悄悄流下來。十多個月來，這是他第一次聽到眞正人間味的音樂。他發痴的站著，立了好一會，臨走時、不待江湖客兜售梨膏糖，就丟了一把銅子在地上。

傍晚，他跨進一爿北方小飯店。

店主人問他：

「先生，您吃什麼？」

印蒂興緻勃勃的道：

「什麼都好。」

店主人舌頭像溜冰，溜出一大串菜名：

「辣子雞丁、炒蝦腰、溜黃菜、爆三樣、糖醋裡脊、紅燒瓦塊黃魚……」

印蒂大聲道：

「行！行！都行！挑頭三樣給我。……」

接著，他斬釘截鐵說了一個字：

「酒！」

生平第一次，他讓這個字愉快的和自己整個身心連在一起。

他把所有酒菜全呑下去，走出門時，業已入夜。這正是農曆七月中旬，街上有盛大的盂蘭盆會。鑼鼓吼天，成千成百人擁擠板纏，攏軋充塞。大隊大隊的香亭旛蓋，飄舞起五色綢綵。一丈多長的紙糊方相與方倛❶，高聳天空。數不清的紅色「水旱燈」、明耀如火。穿紅衣鏤金線袈裟的僧衆們、高聲誦經，響著鐃鈸、皮鼓、銅磬、木魚。許多人家門口焚化銀錠、錫箔、紙鏹、「緣化」、元寶，火光燭紅了黑夜。一些火樹銀花煌煌燃燒，妖嬈而霅煜。人聲樂聲驟疾的昇騰，汪漾著，「氣流旋轉」似地瀰溢整個市街。印蒂擠在人叢中，對於這一素所痛惡的迷信儀式，卻毫不厭惡。它們的荒謬處不再刺激他，他只感到那以它們爲契機的偉大人性的表現。在這場芸芸集會中，人們全赤裸自己熱烈情感，豬匯凝造成一種偉大的群衆氣氛，印蒂是無比沉醉。

不知擠了多少，他終於找到一爿小客棧。他非常疲倦，極想休息。他開了個小房間，熄了燈，剛躺下去，便陷入蚊子、臭蟲、跳蚤、與白虱的聯合包圍。這個客房大約很久沒有人住了，大鬧饑荒的蟲子們，今夜難得收穫賑糧。但印蒂毫不覺痛苦，也不伸手趕牠們。有幾次，他給咬得疼不過，才想舉手，一個思想忽然浮起來：

「生命應該是自由的。牠們此時正在享受不虞匱乏的自由，我不能破壞牠們的自由。❶古代驅疫之神像。牠們的饑餓，如不向人求得被滿足的自由時，向誰呢？」

這樣想著，他笑了。房內的蚊子臭蟲，好像和監獄裡的是兩種血統，它們比後者可愛得多。

從大街蹓躂，到晚餐、到觀盂蘭盆會，到這時被蚊子臭蟲圍攻，種種感覺，極其鮮明。還有一種非常神秘的感受，因爲太古怪了，印蒂當時不願多想。

現在，躺臥床上，這種神秘感覺又出現了。熄了燈，他竟感到黑色窗子是火燄，暗黃天穹是閃電，室外最輕人語聲爆裂著巨大迴響，街頭偶然馳過的車聲是轟雷。全宇宙彷佛是火藥庫，隨時要爆炸，碎裂。他的心子「トト」跳，怎麼也睡不著。總之，他再不認識這個夜，它和監獄中的夜不同。他再不認識街上射入的燈光，它們與囚室的一切完全不能聯繫。儘管四周黑暗，他再看不見自己，然而，他不相信這是自己。睡著的絕不是印蒂。變了！整個時空全變了。他也變了。他摸摸自己臉頰。「這是我麼？」他不信。

這種對生命完全陌生的感覺，糾纏他一夜，直到黎明前，在蟲豸們的集體圍攻中，他才算睡了一個香甜的覺。可能，有生以來，他從未睡得這麼香甜過。

一覺醒來，已是正午。

午飯後，休息了一小時，他第一個慾望便是：

「到河水裡去。」

他必須找一條河水。

像一輛坦克車，他往城外衝去，一團強大火燄在他血液裡滾轉。

出了城，一望阡陌縱橫。田野間，紛紛插著破爛五色紙旗的桿子，這是農人們「撓春苗」時的殘賸紀念品。一些隴畝交叉處，鄉人擺設粉糰、粟黍、各種瓜蔬，在「齋田頭」。老農們希望紙旗預防蝗災，祀祭田神則拜祝豐登，這一類愚妄的迷信，現在也激不起他半絲嗤笑，相反的，倒刺激起他對人間的熱愛來。

「這一切不可愛嗎？田野、青草、村莊、貓狗、炊煙、叢樹，迷信有什麼可厭呢？它們表現了一種怎樣的人情美啊！」

從昨天起，他的思想眞不知飛躍到怎樣高的一級，許多事物的深處。他從來不能突擊深入的，現在卻能了。

「這一切全是自由的恩賜。啊！自由！自由！自由！……」

他脫去衣服，跳入一條小河。

他深深沉入水底，又輕輕皃上來。他泅泳著，兩臂槳翼似地拍打河水，規律如鐘擺。一朶朶水花噴濺起來，緩緩流轉、延展著。幾隻水鳥被水花驚飛了。橘金色陽光閃爍中，青春河水的迴光反射中，河流兩岸的野花叢樹爲一層金霧所掩映，迷茫而都麗。蘆葦的香氣從岸邊濃郁的上昇，挾著地底的薄薄潮濕味，與溫柔的熱氣。秋蟬懶懶鳴奏。黃雀在青楊林中聒噪。河的青茫茫肉體裸裎於日光中，反映出紅蓼與綠葦的葉影，花樹的空幻倒影，沼澤地帶昆蟲的翅影……。他泅著泅著，忘記了一切，忘記了自己。彷彿不是他的肉體泅泳，而是靈魂泅泳，是他靈魂在自由裡游泳。一切是牧歌樣的美，羚羊角樣的美。全宇宙像在寫讚美詩、唱讚美詩，一遍又一遍重複讚美生命。他從未感到生命是這樣芬芳、明亮、這樣鮮麗。他泅著泳著，忽然衝到岸邊，躺在草地上，大聲哭泣了。他不是哭過去十幾個月的黑暗，而是哭這一秒這一剎那的傳奇明亮。他哭泣，因爲他太幸福，太幸福。幸福與藍天白雲溶在一起，又從天下落下來，和他的黑髮結成一片。幸福如太陽燃燒於天穹，也燃燒於他心底‥這一切一切的幸福和幸福，只來自一個源泉——

自由！

二

印蒂的自由幸福感，很快就遭遇考驗。

第二天，懷著歡樂與希望，他搭火車到S埠。他個人的歡樂其實次要，主要是：信仰堡壘的雄姿，給予他高度狂歡。此刻，他能以新的姿態踏入這座堡壘了。走出車站，捲入這荒淫大城的滾滾人流裡，他的感覺很複雜：歡樂中有黯然，黯然中有暈醉，暈醉中有驕傲。他感到生命的高度尊嚴。他驕傲他從未離開過它。那些輕馳著的一九二×年式流線型別克汽車，那些金碧輝煌的摩天巨廈，酒吧間的迷人音樂，那些在股票公債堆裡打滾的人，絲裙綷縩的貴婦人，以及把自己泡在黑啤酒和舞場小喇叭聲的公子們，……這一切算什麼呢？他唾棄！他比先前更有權唾棄了！他孤獨的彳亍繁麗大街上，各式各樣奇妙情緒混流在血管內，他感覺興奮、酵發、衝動、震撼、愉快、迷惘、惆悵、騷亂，……

幾天來的興奮，立刻達到終點，一扇新的陰暗翅膀，開始從他眼前掠過。他跑了好幾個地方，他們過去比較具永久性的通訊處，發現房主都換了人。他無法獲得線索。奔波兩三天，好不容易：最後才在一個文化界外圍朋友D君那裡，得到一點頭緒。他過去和D不太熟，友誼也平常。但後者在第一面，就滿口答應，替他傳遞消息，要他靜候回音。候了幾天，沒有下文，印蒂又跑去找D。令他奇異的是：後者的態度不像第一次那樣熱烈了，在溫和的禮貌下，隱藏不住一種潛在的淡漠。他用一些支吾話隔斷主題，又說最近風聲很緊，左獅他們的地址又更動了，他托一個熟人間接打聽，仍無結果。從D的言語中，印蒂立刻預感，大約發生了什麼變化。他絕不相信，D會絕不知道他們任何一人的地址。他心中儘管納悶，口頭卻再三懇求，希望D無論如何，幫忙再探聽一下。他坦白說明一切：他過去與左獅的關係，以及一年多來的獄中前後情形。他此刻必須馬上看到他們，越快恢復組織關係，越好。他的誠摯音容感動了D，這位文化界小名流答應再爲他奔走一次。第三天，他又去聽消息，D率直告訴他：已與左獅會過面。後者表示，最近行動遭受嚴厲監視，特別不自由，無法約晤印蒂。印蒂當即道：假如左獅實在不方便，會會其他同志也行。他又爲了封長信，托D轉給左獅。這樣，前後大約有一個多星期，經D數度奔走磋商，最後，他們才答應：由賈強山出面，和他談話，地點在G公墓，賈日前負他們原先那個地下支部的實際責任。

所有這一切，全出於印蒂意料，從D前後態度的改變，以及其他種種跡象，他微微恐慌的預感一些事。他不敢、也不願再往深處想。像一個可能快到峭壁邊沿的人，不敢向前多邁一步。與賈強山會晤的前一天，他終日沉思，反覆自我檢討，實在查不出任何錯誤。最低限度，自入獄起，到此時止，這一大段時間內，他未發現自己有任何錯誤。

「我既然沒有大錯誤，他們爲什麼對我這樣冷淡呢？……」

他感到迷惑，苦悶，煩惱，這類感覺，他在牢獄黑暗中從未遇過，現在，剛踏入光亮中，它們竟出現了。

迷惑他的那些因素，第二天晚上，他終於看清楚了。

……………………

高高矮矮的墓碑，叢叢錯錯的挺立著。黑色與棕色的碑石，在燈光與夜色中顯示黑壓壓的一片，只有白大理石熠閃蒼澹而死白的光輝。瀝青路兩側大柏樹的刷白軀幹，灼耀著兩排莊嚴的銀灰色，像古羅馬甲士的行列。一些棕櫚枝葉稀少，形態矮禿而獰拙。在燈光和樹影晃動中，地上彷彿虬結一些疹疱的顆粒形，陰暗彎幅，與一些蜘蛛網形的叢影。墓園深處，教堂崢嶸嶄露，銅十字架高掛，窺望著墓牆外的街市。都市的呼囂聲、滔滔滾滾，包圍這靜靜墓園，浪濤似地、浮躁的捶擣圍牆，撞挏墓碑。杜鵑在樹叢哀啼。鳩低低咕鳴。整個墓園現得苑鬱和重壓，那許多碑石好像不是埋嵌地層，而是懸掛半空，隨時會砸下來，打擊地面上的人。

靠一座寶塔形的棕紅色雲母石碑旁邊，一片綠色四方小草坪上，賈強山佇立著。碑前是一座鐵十字架，四周圍繞粗肥的鐵鍊，鍊上裝飾了一些鐵的船錨，死者大約是個外國水手。

從教堂門燈，園內路燈，和牆外街燈的照射中，印蒂看見賈強山那副臉。好幾天來，他的不安、焦慮、懷疑，先還游絲式浮浮蕩蕩的，現在卻凝成一片，確定不搖了。即使不藉任何言詞及動作，單憑這張臉，多少就夠解答他某些懸疑了。這是一幀發青白色的冷臉。在石碑似的平板無感應的皮膚上，鍥割著一個類似人形的輪廓。那隻斜眼的左眼，老在陰陰隱藏，那隻銳利的右眼，卻鋒利的盯視對方。這一雙眸子像蛇眼，今夜特別顯得小而陰冷，彷彿一直深隱於黑暗巖穴中。這雙眼上面的那兩條濃眉，此刻分外表現出粗黑而獷野，下嘴唇邊那條鐮刀形的疤痕，在這副冰臉上，也突出的溢露兇辣味。這是由寬大胸膛與矮壯兩腿湊成的結實身材，正昂立在石碑叢影中，一動也不動，遠遠望去，與石碑似乎沒有分別。不同的是，他這座墓碑上，並無人類文字，只有黑暗墳塋底滲透出的陰厭、冷靜。它的外形，似雕刻奧賽羅式的粗暴，內層卻球埋著猶太夏洛克的盤算。

這一切又一切陰暗徵兆，雖然壓抑印蒂，但長期牢獄生活以後，一旦遇到自己同志，仍像荒漠兩馬邂逅，一種耳擦耳臉磨臉的慾求，油然而生。一剎那間，在突發的激情中，印蒂忘記過去對這個人的惡感，以及這幾天來、甚至今夜的種種不愉快跡象。他熱烈招呼對方，歡忻的伸出手。

賈強山迴避的縮回手，並不迎握對方，卻淡淡的招呼道：「印同志，你出來了，……

很好……很好……嗯，很好。」

印蒂熱烈的問道：「同志們都好麼？左獅同志現在怎樣了？」

「嗯，他很好。」

「鄭天遐同志，楊易同志，和范惟實同志，都好麼？」

「嗯，很好。」語調仍是冷淡。

仰蒂偶然提了一句：「聽說項若虛同志回來了？」

賈強山一聽到這句話，神情才現得稍稍振奮起來，他含有深意的道：「嗯，他回來了。」接著，帶著更深長的意味，如了幾句：「項同志是黨的光榮標誌。他的堅定不拔，過去受黨重視，現在受黨重視，將來——也應該受黨重視。……這樣卓越的人，常常能幫助我們瞭解一些事情。」

印蒂一時似乎未注意對方話裡的深一層涵意，仍然熱心而帶感情的問：

「這兩年工作還順利麼？」

「嗯，還好。——」說了這三個字，賈強山突然轉變語調：「對不起，印蒂同志，時間迫促，我們馬上得談一點正經事。」停了停，鄭重的道：「黨得到你出獄的消息，很爲你個人慶幸。不過，這裡有一個通知書，請你看看。」

他從口袋內，掏出一封信，遞給印蒂。

印蒂帶著不安與猶豫，盯視了他一眼，接著，迫不及待的，匆匆拆開信。賈強山已從一旁燃亮電燭，照明信上文字：

「印蒂同志：黨從左獅同志轉來的長函上，明瞭同志準備恢復組織關係的決心後，不能不考慮同志新近所犯的兩個嚴重錯誤。第一個錯誤是，同志此次為了恢復自曲，屈服於國民黨的反動壓力，曾經有類似寫下懺悔性的自白書的情況，這不僅有損一個革命者的人格，並且違背了黨員對黨的神聖誓言。第二個錯誤是，一年多來，由於小布爾喬亞式的傷感主義，同志的革命信念已經動搖，對我黨信仰和鬥爭綱領發生懷疑。同志的思想言論染有托派毒素，以及右傾機會主義的錯誤傾向。這一切，完全違背我黨信仰和目前的正確革命路線。由於同志所犯的嚴重錯誤，對你恢復組織關係的要求，黨本不擬考慮。但若干幹部認為你過去曾效忠革命，且有過一定貢獻，建議黨應寬大為懷，團結一切能團結的力量，予同志以自新機會。經支部會議討論，由上級批准後，決議如下：黨同意考慮你恢復組織關係，但必須先寫書面交代，作自我批判，坦白交代經過實情，並清算自己所犯的嚴重錯誤，保證以後不再犯同樣錯誤。因此，接到這份通知書後，你必須立刻作出決定，並與賈強山同志面洽一切。……」

一陣慘厲的陰風捲過墓園，葳蕤的樹叢蛇樣嘶鳴。教堂的巨大紅牆現出一片晒紫膛色的淒森光輝，牆上沃衍肥潤的爬山虎，陰鬱的舞動著，像無數條蜈蚣顫擺於寒風中。

一叢叢墓碑騰冒出一股股冰霜式的冷氣，一些古怪的黑氣，一些骷髏式的白光。一眼無盡的鐵十字架、銅十字架、石十字架，好像一些被釘死的蝙蝠標本，絕望的張著黑曇曇翅膀，矗著黑凜凜屍身，控訴式的仰首朝天。黯黯的天空，沒有一片亮雲，癩樣的臃腫醜陋。一些沒有石碑的墓塋、只披滿長長書帶草，似女巫頭髮，在風中亂晃。一些裝著磁花的玻璃瓶罩，發出白冽冽亮光。市街上的霓虹，在牆外閃熖一片魔術異彩，它幽魅的投映到高高樹梢上。那座停放棺柩的紅色火葬爐室，溢著殘餘的屍灰氣息，它的四周，洋槐樹的陰影特別濃厚，彷佛一些憂愴的島嶼。整個墓園的死寂氣味、越來越重。園外騷動聲與園內岑靜的強烈對照，演襯出一種難堪的苦味。一層深沉的僵化氣氛冰凍一切。在幽暗的冰凍中，死亡像一條條穿山甲，似從一座座墳墩內爬出來，睜著一雙鬼蜮蜮的眼睛，瞅塑生者，好像要捕捉一點活意帶入墳墓。

看完信，印蒂渾身抖顫一下，臉皮猛烈痙攣了。帶著極神秘的眼色，他微微顫聲然而冷酷的道：

「這就是黨對我的全部指示？」

「嗯。」

「這就是我和黨今後關係的新起點？」

「嗯。」

「這也就是你今晚對我所要說的全部話？」

「嗯。」頓了頓，賈接著堅定的道：「一個革命者應該有勇敢認錯的精神。黨希望你能勇敢認錯。黨期待你的答覆。」

沉默統治一切。一片很難堪的沉默。

印蒂又一度抬起那雙充滿神秘色彩的眸子，慢慢的然而斬釘截鐵的冷冷道：

「黨用不著等待了！——這就是我的答覆！」

不再開口，不再望對方一眼，冷冷靜靜的，一片一片的，把那封信撕得粉碎，擲在地上。接著，頭也不回，向墓園門口走去。

賈強山臉色鐵青，冷冷的笑著。「哼！傲慢的東西。」

但這一聲侮謾，被侮謾者已聽不見了。

三

一陣巨大憤怒裡脅住印蒂。他沒有眼淚，沒有嘆息，沒有悲哀，沒有皺眉，只有一個慾望：憤怒！是的，憤怒！憤怒！憤怒！憤怒像蟑魚的獰厲長吸盤，兇兇纏住他。他跌跌撞撞的，在大街上跑著，從一街奔到另一街，由一條人行道轉到另一條人行道。幾次撞人，甚至幾乎被街車碰到，不顧路人怒眼，車夫詈罵，他盲野的奔著。一步一團憤怒。一腳一個憤怒，從憤怒中，千百種情緒湧起來，又退下去；退下去，又湧起來。似一艘北極破冰船，黑暗的情緒冰塊不斷衝捲他，把他帶到不可知的方向。他想理智，不能；他想好好哭一場，不能；他想停住步子，更不能！心似一架製火炮的撕棉機，不停滾動，撕扯，將他一陣陣推送，一段段撕扯。他洶洶走著，眼裡沒有街道，沒有行人，沒有車輛，沒有電車「丁丁」聲，沒有街頭音樂，沒有大百貨店的玻窗。沒有酒吧間的轟笑聲，沒有出賣性的塗粉婦人——只有一大片一大片的昏糊和迷茫，從中又騰驤起一陣窒息力量，死死扼住他喉管。他內心掙扎著喊：「無恥！無恥！無恥！無恥！欺騙！欺騙！欺騙！……」一陣恚怒。一陣反抗。一陣抖顫。數不清的形象衝出來。十年來的一切，電影機似的搖轉著：那些血、那些淚、那些天眞的想像，痛苦的吼聲，鬥乎與死亡，……。每一個細節，都一座挨一座的，紛歧錯雜的挨擠到他面前，他不知道該笑還該哭，該在地上打滾，還是酩酊大醉一場。隨著一大排一大排的怒潮，是一大捲一大捲的痛苦。痛苦挺擊他，毆打他，凌遲碎剮他，要把他一塊塊刮骨熬油點天燈。他絕沒有想到一種痛苦會這樣深，一種憤怒會這樣狂。他十年憤怒與痛苦的總和，抵不上這一刻、一分、一秒、這一刹那。地球此時好像突然翻了個身。地腹溶岩塊全噴潑出來，雜著憤怒與痛苦。世界到處都是浩浩蕩蕩的熔岩、憤怒、痛苦、昏沉、模糊，……

深夜，躺臥床上，黑暗中，他看見一大排大字獰悲惡的閃耀著。

「危機來了！」

他低首承認：「危機來了！」

危機來了！

一個從未預料到的黑暗大坑，突現。儘管他想毅然勒步，但它出顯得這樣突兀，還不待他決定止步，就栽跌下去。

一個陌生聲音，第一次對他大吼：「你十年來的信仰，已經崩潰了。」他聽到吼聲，想喊出反抗聲音，但喊不出。這個時候，任何反抗都現得無力；唯一強項有力的，是那個黑大坑，它張著鯨嘴，要把他整個吞下。他形容不出的恐怖起來。「我就在這種方式下，忽然與過去告別麼？」原先那個聲音回答他：「你就這樣突然與過去告別。唆使這一告別的，是你自己：是你自己的懷疑的陰影。這陰影擴大的結果，就構成現在的黑暗大坑，整個吞沒你。」「無可挽回了麼？」「無可挽回。」「絕對無可挽回了麼？」「絕將無可挽回。……天下最毒辣的，就是懷疑的影子，它狼樣陰險的牢牢跟定你，乘你不備，就一口把你咬死。當你變成一堆骨渣子時，你還不知道是誰殺死你。」

聲音是這樣頑強，印蒂無法辯駁。

隨著聲音，印蒂想起一張離奇的恐怖電影片。

一個劇院老樂師，發現一個音樂商賈剽竊自己全部心血作品，（這些樂譜，爲了多賺錢幫助他的一個私生女，過去他曾賣給某商賈，後者閱覽很久，終於沒有接受。）一陣狂怒下，他勒死商賈，卻被老闆太太澆了一臉硝鏹水。從此，他面部潰爛不成形，匿迹消聲，深藏於劇院底窟底，不再露眞面。只在半夜裡，這個罪犯才裹一身漆黑大披風，戴一張油綠面具，出來專門殺人、害人。他殺人、害人，因爲他恨人間，恨人間對他大不公平。在人間，他唯一所愛的，是他的私生女，劇院女歌伶。從小他就多方保護她、幫助她，但她始終不知道他就是自己生父。他也從不讓她知道自己的幫助。她長大了，在劇院工作，只知他是一個對她極慈祥的老琴師，卻極少跟他往來，他也很少接近她，或說什麼，只是秘密的暗暗愛她。現在，他既已離棄人間，索性犯各種罪，來幫助她。爲了捧她成名，他多方設計，陷害其他女伶，叫她們倒嗓子，殘廢，甚至半夜勒死她們中最優秀的。他同樣恫嚇，並且扼死那些敵視她的導演。他犯罪又犯罪，她終於成名了。但名譽會把她拖走，他嫉妒。於是，他不惜縱火焚劇院，燒死千百人，把她劫入地窟底，決定永留在身邊。他戴綠面具，裹黑披風，彈琴，要她唱。她唱著唱著，冷不防猛然揭掉綠面具，看見一張野獸樣的獰醜臉孔。她吃了一驚：『唔，失蹤多年的慈祥老樂師！』就在這時候，劇院崩倒，地窟坍陷，少女逃出了，老樂師被活埋在窟底。幾天後，她的男友們舉行盛大筵會，慶祝她出險，以及她的舞臺成就，在燈火輝煌中，她站起來，舉起晶亮高腳杯，一面喝，一面囈語式的喃喃詫異道：「啊！那可憐的又老又窮的樂師！

他爲什麼對我這樣呢？——我從來就不大認識他啊！」……當這陣話聲沉沒在筵客一大陣轟笑中時，在遙遠的另一面，那深深的地底，一些蛆蟲開始啃嚙老樂師的肉體。

印蒂此刻想起這個離奇怪誕的故事，因爲，在黑暗的一剎那，他猛然發覺，過去十年的自己，正扮演這位老樂師的角色，那少女正寫照了他的信仰。多年來，爲了痛愛這個信仰，他不惜對另一群人施盡最大殘忍，然而，一個人以全靈魂痛愛一種對象的結果，終於免不了兩種命運。一個是：自己立足地——地窟的毀滅，因而也就是自己的毀滅；一個是：對象的詫異的聲音：「怎麼？……我從來就不大認識他啊！」

但這個「他」實在也早該死滅了。一個人的探索精神的壽命，本來就不能超過十年。一過十年，一個新的探索的「他」必須誕生。

然而，他究竟還不甘心。他不相信，這個「過去」，就這樣快的眞成爲「過去」。他不相信，他絕不相信。他必須作最後掙扎。

最後掙扎是：找左獅。多年友誼，是後者能幫助他的一種保證。在目前情形下，只有後者有力量作公平仲裁。他相信，左獅對他，總有一種較深刻的瞭解。

又是好幾天的奔走與接洽，經過最艱巨的努力，他終於獲得一個機會，在一間大旅館五層樓上的一個小房間內，和左獅晤面。

四

窗外，急雨猛掃著，潺潺瀟瀟的。一個晦暗的天。林林總總的鋼骨建築，一叢叢的，憤恚煩憒的衝入雲際，霖雨夾青色霧瘴，模糊了它們的鮮明面貌。城市的低壓氣旋，陰雨日子分外窒息，空間層滲混著愁毒的細胞，和霅擾的水態。黝黑的煤煙，一股股烏鴉翅膀似的，慨懣的才噴向穹宵，又猛然四下亂竄，挾著千萬勞動者的鬱悶與憎恨。大都會各種騷囂聲，煎鍊成一片片神秘的低吼，從繁華紅塵中直湧高空，又被迴壓入地面，像一陣陣來自墓窟底的沉重嘆息，而站在高大建築頂層的人分外聽得明晰。風雨疾瀉，磅礴宇宙，卻打不進這歌舞瀰漫的「樂園」核心。核心裡，另是一片煌煌人間，另有一大群熙笑淺唱的人類族。風風雨雨永遠在他們門外徘徊，擠不進去。

但風雨卻多少颮進打進這個小房間。風由玻璃窗隙飄入，雨水也跟著淌入。靠窗口的陰風中，站著左獅。他化了裝，喬扮商人，穿一襲淺灰色綢類袍，目光炯炯，凝望印蒂。在印蒂眼中，時間並沒有多大改變這位激進派。他依然呈現出一種叫人有點感到壓抑的巫覡味道，由於湖海風濤的炊爍，這種「味道」且發展得更露骨了。他瘦削的身子，昂矗於由窗外滲入的微微冷流中。他那巖壁式的黝銅色臉頰，似乎比過去更嶙峋了。他那雙解腕尖刀似的眼睛，由於周遭累積的重重壓力，也分外顯出陰厭怨憎。十幾個月來，許多客觀困苦，不僅把他的肩膀壓扁了點，也把他的神態壓扁了點，因而更缺少圓潤了。和印蒂睽隔一年多，特別是，對一個才出獄的朋友，按理，他該有一番熱切表示。但他什麼也沒有。從他臉上，印蒂也看出賈強山臉上的那種冷漠，片麻岩似的，僅色素淡點。這種片麻岩的表情，往好處想，可以想成革命者的本色。在高度戰鬥中，當千萬人被轟成炮灰，血肉滿天開紅花時，一個司令官不會流一滴眼淚；他不是沒有眼淚，是想不起流淚這種事，壓在他面前的死亡太多了。同樣，一個革命者對受苦的同伴，往往有一種不近情的冷酷。可是，說不出爲什麼，印蒂卻有點預感，事實不全是如此。對於左獅這種片麻岩式的神態，他不能全向好處想。他對他個性了解得太清楚。在心底，他雖然與賈強山相反，有著畸形的高熱，但在畸熱的另一面。卻也有和賈強山相同的冷，有時甚至還超過後者。

面對這一塊瘦削的片麻岩，印蒂聯想起這幾天求見後者時的往返周折，與那種異乎尋常的艱巨，（左獅似乎故意找一些藉口，延宕他們會面，）他不禁倒抽一口冷氣，對自己的滿腔熱望投下一團巨大石塊。但既已來了。他少不得要把事情講得一明二白。

印蒂滔滔敘述一切，熱情而豪邁，並不忽略一些冷靜分析。

左獅聽完了，並沒有改變臉上片麻岩式的態度，卻嚴峻的回答道——每個字像一顆子彈：

「在這裡，我不是代表我個人和你說話，我是代表黨向你說話。在黨與你之間，沒有私人感情存在餘地。黨要你認錯，不是我個人要你認錯，也不是賈強山個人要你認錯。賈同志在這方面負實際責任，他所決定的有關黨的利益的事，我不能濫用私人情感和權力，來干涉他。」

印蒂也嚴峻的道：

「這並不是我私人感情的苛求。我以老朋友老同志的名義，只向你要一個東西：公平。」

「這裡沒有公平，只有紀律。這裡只有黨的公平、沒有個人的公平。除了以紀律的名義，黨不能以任何名義給予公平。」左獅嚴厲的說。

「那麼，你相信他們的讕言：認爲我寫過投降性的悔改書，並且是托派？」印蒂驚訝的望著他。

「我的相信與否，以及你是否眞心忠於黨，只能倚賴一個驗證，就是：你能否接受黨的要求，坦白寫交代，承認自己錯誤。」

印蒂溫和的道：

「你們爲什麼這樣愚笨？假如我是一個稍爲虛僞的革命者，這一紙交代難道比刀、鎗、皮鞭子、囚牢更可怕？我爲什麼不虛僞的『應酬』你們？」口調銳利起來。「然而，革命所要求的是純潔與誠實，它不應該鼓勵虛偽與投機。假如我沒有犯過什麼錯，必須硬製造半部』，這不僅是打我的耳光，也是打革命的耳光。」

是，你已經承認，你曾發表過對托洛斯基的意見。」

我從來就沒沒發表過什麼『意見』，……」他低垂下頭，沉思一下，然後，若有所思起來，慢慢道：「只有一兩次，我和項若虛閑談，偶然說過幾句惋惜托洛斯基的話。我不相信，這幾句偶然閑談，就會構成我的滔天大罪。」

左獅用比較溫和的語氣道：

「你能坦白說出：你當時怎樣『閑談』的麼？」

印蒂直率的道：

「我當時說，像托洛斯基這樣一個和列寧史大林共同創造十月革命的英雄，結果竟落到這樣的末路——被逐出國，這是很可惋惜的。此外，我再沒有說什麼。」

左獅又恢復了先前的嚴峻神態：

「那麼，好，你這幾句『閑談』，就可以構成你的托派的錯誤了。第一、托洛斯基匪徒對十月革命，根本就沒有什麼貢獻，在蘇維埃革命史上，只是一個不足道的人物，而且罪極大，功極小；第二、一個反革命匪徒被懲罰，這是理所當然，惋惜就是同情，就是替反革命匪徒辯護。在革命場合，絕對不容許布爾喬亞式的同情，只有無產階級的鮮明的愛或恨。」

「這些話眞是你說的？你，一個精通布爾雪維克黨史的人說的？——你不是開玩笑？」印蒂眼睛睜得大大的。

「開玩笑？」左獅詫異的盯視對方，冷靜而酷厲的道：「上面的話，每一個字，都是從我心坎裡澆鑄出來的。」

印蒂莊嚴的道：

「那麼，你居然否認並且全部抹煞了托洛斯基對十月革命的貢獻？」停了停，警告的道：「親愛的老同志，我的記性並不算壞，四五年前，當我對布爾雪維克黨史還是中學生時，你就以講師姿態，對我宣傳托洛斯基在十月革命中的英雄事蹟哪！」

左獅臉孔微微有點紅，但旋即極嚴酷的爭辯道：

「胡說，關於托派匪徒，我從來就沒有『宣傳』過什麼。就是萬一說過什麼，那也是我過去的錯誤。爲了追求眞理，我早已認錯並克服這一錯誤了。」

印蒂恢復冷靜，哲學式的道：

「好，這一切且不管它。現在問題是：第一、一個革命者究竟有沒有一點私人閑談的自由？究竟有沒有一點稍稍放縱私人想像和存疑的自由？是不是每一分每一秒，都要正襟危坐，或怒髮衝冠，拚命的愛和恨？第二、我即使對托洛斯基表示一點惋惜，站在純人的立場，這惋惜是不是犯罪？是不是革命者對任何失敗者，不應該有一丁一點的同情？第三、你們是否自信站在最公正的客觀史家的立場，來研究托格斯基與十月革命的關係？以上三點，即使我錯誤，根據這三點，是否就能構成我的托派罪狀？你們明知道，一年多來，我在牢獄中與托派毫無接近可能。第四、你們說我向國民黨遞悔改書，究竟有什麼眞憑實據？第五、一個剛坐了十幾個月牢的同志出來，你們假如眞是爲人間創造愛的話，是否應該用這種殘忍手段和態度來歡迎他？以上五點，你們一概不加詳細考慮，就武斷的對我作現在的決定。我以爲是不公正的。」

左獅不和對方細辯，卻斬釘截鐵的道：

「在紀律的名義下，它只要求一件事，就是服從。這代表一種公正，也是一種無可置辯的命令。你假如是一個忠實黨員，你所能做的最好的事，就是服從。黨不是哲學會，來讓你作蘇格拉底式的辯論的。」

印蒂有點冒了火。

「可是，你們這些紀律從哪裡來的？從天上掉下來的？還是從地底鑽出來的？它們的最後決定點，是不是只靠少數人？拿我這回事說，說我向國民黨投降，說我是托派的，不是只靠兩三個人的妄語嗎？妄語和毀謗能代表公正嗎？在這種專門鼓勵攻訐和揭發的紀律下，只鼓勵了少數陰謀者和野心家，他們藉此可以把一切陰謀詭計投擲到忠厚同志身上，後者一向以隱惡揚善爲懷，這種謙卑倒變成招禍之由了。」

左獅不耐煩的冷冷道：

「我再一次重複告訴你：在革命裁判席上，只有黨的公平，沒有個人的公平。任何個人公平，必須和黨的公平聯繫在一起，才能立腳。在絕對的黨的公平要求下，個人必須犧牲，無條件無考慮的犧牲。是的，犧牲，犧牲。在犧牲祭壇上，這裡不需要一個能講善道的柏拉圖，只需要一個平凡的，然而很勇敢的人。」

印帝忍耐不住，爆發起來。

「犧牲！犧牲！夠了！夠了！法國大革命時代，羅伯斯比爾靠了『犧牲』這塊擋箭牌，不知道把多少人冤枉送上斷頭臺。」停了停，像炮彈似的發射出下面的話：

「夠了！夠了！我現在才明白了。我多年來所崇奉的理想，它的領導者們就從無理想氣味。他們只是下流社會流氓棍痞的化身。不同的是，流氓棍痞沒有那一套美麗理論。這些棍痞們卻會把野心和陰謀打扮成花枝招展的少女。以前，我痛恨政府領袖們的卑鄙無恥，現在，我覺得在野的所謂『革命領袖們』，也好不了多少，老虎與豺狼，五十步百步而已。這些在野的棍痞們也同樣的專制，獨裁，蹂躪人性，不容許良知存在。藉所謂『鐵的革命紀律』，他們壓榨了群衆的一切。夠了！夠了！」

左獅不聲不響，聽他「射」完了，用銳利的眼睛狠狠掃了他一下，狠狠道：

「很好！很好！你這段潑辣話很好。假如你剛才認爲你還沒有罪，那麼，現在這段話，就足可以構成你一打以上的反革命罪狀。——剛才你這些醜詆革命的話，我是親耳聽見的，你還能抵賴麼？」

印蒂整個臉鐵青了，憤怒抓住了他。他握緊緊拳頭，全身顫抖的厲聲道：

「盡量構陷我的罪狀吧！革命陣營裡，現在已沒有光明磊落的理性。到處塞滿特務式的懷疑和猜忌。革命不再鼓勵同志相愛、人群相愛、而鼓勵同志相互懷疑，人群相互猜忌。革命鼓勵父疑子、女疑母，兄弟夫妻相互懷疑猜忌。照這樣發展下去，革命如果勝利了，整個世界非變成瘋人院和精神病院不可。對於這些領導加快建築瘋人院和精神病院的領袖們，我提出抗議，這就是我的罪？……這一切惡劣傾向。你們有一個美麗名詞，叫做『現實主義』。革命不再代表一種偉大神聖的感情，而變成商場貨品，用尺用寸用升用斗來計算，這就是革命。任何個人純潔情感，全放在天秤上稱量，看能值多少張鈔票，多少代價。變相的市儈主義毒化革命。革命者身上發出腐臭的商業味，正像資本家用算盤來算每根工人骨頭的價格一樣，來精算每一根青年骨頭的價格。我抗議這種市儈主義，這就是我的罪？……最後，恕我再說兩句刻薄話：代表黨執行「公正」的那兩個角色：項若虛和賈強山，並不是什麼『公正』角色。項若虛在監獄裡所表現的行爲，我不願批評了。至於賈強山，他以爲我出了獄，就要搶他的位置，可笑極了。——這些航髒的個人恩怨，我不願再說了。但有一點我可以鄭重申明，我咱信我徹頭徹尾無罪。」

左獅終於按捺不住，也咆哮起來，憤怒的道：

「很好！很好！你這一切都說得很好。這一切謬誤意見，正足以暴露：一個小布爾喬亞智識分子的『裡子』，究竟是些什麼東西。平時，這些『裡子』有綢面子掩護，暴風眞刮起來時，綢面子立刻掀開了，亮出破棉敗絮的『裡子』。你的小資產階級的動搖性，從來就沒有終止過。清黨時代，你曾經動搖過。在經過三年的革命痛苦和囚牢後，你又動搖了。你的思想裡，一直就有托派毒素。現在，正當國民黨利用大批托派來打擊革命時，你正好投到他們中間去。在我們兩人中間，汝有私人友誼，只有革命的神聖關係。當你變成革命的敵人時，你也就是我的敵人。誹謗革命的托派同情者！去投降吧！這正是時候！去！去！穿你的絲綢衣服去！喝你的牛奶咖啡去！坐你的沙龍客廳去！抱你的美麗舞女去！享受你的『純潔』詩意去！歌頌你的幻想感情去！………」

左獅還沒有罵完，印蒂已抓起帽子，「砰」然一聲，把門關上，衝到外面了。

五

最後一扇門關上了，印蒂被推出門外。

這以後的時間，他不知道是怎樣過去的。他像一團破碎星球，被炸成無數碎片，流轉於無極混沌，無限黑暗中，無邊無際的永恆大海濤浪中。這一剎那又一剎那間，在一種大崩裂式的陣痛裡，現實那隻汽球在他心中爆了。這一簇簇血腥屑片，給予他最後的慘厲劇痛，一種空前絕後的大痛楚。這以後，漸漸的，在大黑暗與大混沌中，他迷茫感到一線超脫光閃。可是，它極微弱，只撲朔迷離的熌幾熌，不久，他又被沈重的打落到痛苦幻海裡。這個世界當眞是一片黑，一片無開始無終結的黑，不，整個宇宙，從第一剎那起，就是一片黑，到最後一剎那，也是一片黑。地球只是無窮黑流中的一片黑色浮景。世界不可能發光。人間不可能照明。人類也不可能放亮。他所有許多年的努力，只不過替他揭開那座自欺的有色眼鏡，讓他看到黑暗浮景的原始面目而已。

他渾身淋濕的走著，走在暴怒的大雨裡，走在輪掣式的雨簇中。雨聲滔滔滾滾急響，一陣陣奔鳴聲隨雨流衝洗他。無窮的暴力要從他胸內往外衝：向雨裡衝、向大地衝、往天穹衝、往四面八方衝，這是憤怒與絕望交替輪迴的綜合暴力。他屈原樣無主的在雨裡飄、飄、飄，他盲馬樣在街上奔走。他不知道跑了多久，也不知道走了些什麼地方。他心裡一團團火、一團團亂、火冒冒的、亂簇簇的。他的意識模糊而曖昧，情緒卻緊張到極度，他終於回到小旅館內，像一條遊魂。他讓自己被包圍到一片嘈雜、混亂，與污穢裡。這個小客棧也正像他現在的情緒，一陣陣棼亂騷囂似永無結束。站在自己狹窄房間裡，昏糊燈光下，他這才昏昏糊糊記起：他在雨裡跑了一兩小時，沒有休息一分鐘，沒有吃一點食物，沒有喝一口水，連雨落雨停全不知道。他整個人淋得像一隻水鳥。他剝掉濕衣服，擦乾身子，倒到床上，渾身像死去一樣。不知躺有多久，他被一陣巨力搖醒了。一陣乾火在他喉頭焠燒，他渴得厲害。他想爬起來，週身卻像綁了繩索。勉強掙扎一番，他終於爬下床，並且站起來，有點搖搖晃晃的。他一口氣喝了三杯水，摸摸頭，燙得像口火爐。他並不吃驚，似乎早預料到這一幕。他痴痴兀立窗前，望望窗外黑夜，以及遠處的迷離燈火，不久又回到床上。躺了些時候，他又驚醒了。天還沒有亮。糢糢糊糊的，他覺得腹內很痛苦。他扭開電燈，拿出錶，數數脈搏，不禁有點震動：每分鐘跳一百十幾次。再碰碰額顙，火燙得更厲害了。一陣糢糊恐怖侵襲他，他恍惚察覺：自己是躺在一爿陌生小客棧裡，一片陌生人群中。沒有人知道他。沒有人幫助他。沒有人看護他。他此刻正往一座黑暗深壑底沉、沉、沉、越沉越深，越沉越無力自拔。要避免這一深壑的吞噬，只有迅速逃開，越快越好。這座迫人沉淪的黑暗深溝內，只有一顆星閃亮：古城裡那個家！這顆星只閃灼一條最強烈的光華：母親！……他迷亂的想著，一行清淚掛在頰邊。啊！他只有投奔這顆星，趕快抓住它，才能得救。

一個空前的鐵的決定產生在無限蒼茫中。

天一亮，他掙扎著爬起床，週身像有千鈞重，腹內像燒火。他掙扎著，浮浮擺擺的，還能撐住腳步，走到櫃台前去算帳。他僱了兩輛洋車，重賞茶房小費，請他陪他赴車站，替他提行李包、買票、扶他上火車。……昏昏糊糊中，他終於被安置在二等車廂。才坐定，不久，他就昏昏睡去。不知何時起，火車開動了。他幾度醒來，耳邊塞滿巨大輪滾聲，鋼鐵轟鳴聲。一陣陣黲黷混濁的浪濤衝捲四周。他無限疲倦、無窮撩亂、渾身酸痛，四肢沉重，經過最大壓搾後，痛苦似乎整個滲透他、酸化他。他所有思想意識，全被攪成渾渾噩噩黑黶黶一大片，他是茫野無涯黑森森大波浪群裡的一片泡沫，一團漩渦。他再沒有一絲一毫自主權。另外一陣黑暗盲瞎力不斷在推翻他、搖撼他、驅逐他、支配他。

一陣盲瞎的推翻與驅逐中，他意識鋼鐵輪滾聲終止，火車到站。意識到自己搖搖晃晃走下火車，一個腳夫替他提行李包，他走不幾步，再不能撐持，就扶住後者，搖搖幌幌邁出車站。昏昏糊糊的，他還能咬緊牙根，撐著坐上一輛馬車，向車天說了一個地名。這以後，腦殼內層輪滾起一片新黑暗，他再抓不住一絲清明的閃光。馬車滴滴達達輕馳著，一陣又一陣的顛簸像搖船。不知道經過怎樣漫長的顛簸，車子突然停下來。他被推醒了。睜眼一看，他站在一座古宅面前。他似乎極熟悉它。熟諳它門口那兩株高高柳樹，以及那兩扇黑色的鐵門。他還能記得，撐著付馬車費，吩咐他取下行李包。接著，夢遊者似的，他跌跌撞撞走過去。費盡渾身氣力，舉起那隻比鐵錘還重的右手，敲敲門環。門開了，他看見一個女僕，似乎是趙媽，又似乎陌生。他抖抖顫顫向前走去，腳步沉重到極度，像爬一座高山，爬著爬著，渾身一陣顫慄，眼前一陣昏黑，一跟斗栽倒了。……

此後的事，他再也記不清楚。

模模糊糊的，他似乎知道被人扶著前進，似乎被扶到房裡，似乎被脫下衣服，被搬到床上，又似乎聽見低低啜泣聲。剛倒下來，又是一陣山旋海轉，天昏地黑。這以後那一堆日子，也就是一長串黑暗鉸鏈著一長串黑暗。他像一個礦工，洪水衝陷煤井，通達地面的吊籠與梯子都斷了，他逼得在無盡黑暗礦壁間爬行。曚曚曨曨漆黑中，偶閃一兩條光亮，那正是他恍恍惚惚抓住的那片星光：母親的眼睛，父親的眼睛。但這片明光並不能拯救他。他命定要在湛黑地層底長期跋涉。他所有思想，只蛻變成兩三種簡單觀念。他無日無夜的躺著，他無日無夜的發熱，他無日無夜的昏昏沉沉，衝捲在他身內身外和記憶裡的，只是一大片又一大片的黑色狂潮，黑色狂潮，……

不知道經過幾天，漸漸的，黑色狂潮過去了，出顯一片金色海灘：鋪滿金色的花朵的海灘。風和日朗，景色消明。從花朵中，母親的臉孔出現了，接著是他的臂膀、身軀、手、腳。母親的慈愛感覺滲透他，像湖水滲透苔棉。白日，黑夜，他所見的是母親，所聽的是母親，所呼吸的也是母親。他躺在她床上，她日夜廝守。只要他微微有點呻吟與響動，即使是深夜，她也會從他旁邊那架臨時搭的帆布床上驚醒過來，立刻湊近他，低低喚他：「蒂，難過嗎？哪裡痛嗎？嫌熱嗎？要喝水嗎？……」她全付神經像一些電壓線，他的痛苦就是它們的電源。只要他一輾轉、翻身、輕哼，她立刻就會敏銳感應。這種現象重複了許多次後，印蒂再不敢隨便唉聲嘆息了，他本能的抑制自己。他雖然頭腦昏糊，但一種矇矓的意識告訴他：母親已接連好幾夜沒有好好睡了。她身子躺著，心卻醒著。在他最感痛苦的頭兩夜，她幾乎一直坐在他身邊。三天兩校，六十小時，她幾乎很少閉一閉眼。一種撫護愛兒的強大母性支持她，給她一種奇巨力量，她毫不感疲倦。

即使印蒂不本能的抑制自己，他的痛苦也漸漸本能的消解下去。母親的撫愛是神秘藥膏，一塗抹血肉糢糊的創口，病患者的痛苦立刻就會減輕。一個聲音好像在他心底喊：「你身前身後堆滿了這麼多母愛，你還痛苦嗎？你還可能痛苦嗎？妳還願意痛苦嗎？……」他給予否定的答覆，同時也產生一種要回報撫愛者的意志。它的唯一表現，就是用巨力打倒病痛，消滅病原菌。它大聲喊：「我四周的愛不許我死，所以找不該死，不能死，我必須答謝這些愛，活下去！」漸漸的，他的病減輕了。

這些日子，印蒂開始發生許多新印象。最新的印象是：一種微妙的和平與體貼。過去，對於這種家庭式的感覺，他只有浮薄的欣賞，現在，經過強烈的時代激流與人間獰忌憎恨後，這種無限的和平與體貼，卻像狂渴者嘴邊的泉水了。它環繞他四周淙淙溢瀉。在它的漩流中，母親是核心的核心，一切和平與體貼，都縈匝她旋轉。由她身上，泉水式的瀰泛絨苔的溫柔，執拗的人間愛，蜂蜜質的情調，絕對反哲學的情緒，給予性的繾情，……

走馬燈似的，一節節的、一幕幕的，母親天空的各色雲景在他病中展顯。雲景之一，深夜，她的側影在酒精爐邊蠕動。她從廚房裡，取來現淘好的米，倒到小鋼精鍋內，加了水，放在火酒爐上。她不斷研究火，瞧它太強了，便鬆點氣，當它太小時，又立刻打氣，到恰好程度，這才住手。這一夜，他的熱度剛開始退，他朦朦朧朧醒了，糊糊塗塗的喊餓，等他知道，自己一兩個無意識的字、反擊起怎樣大的漩渦時，她早披衣到廚房內淘米了。不顧他的請求，（他只要求昨晚陳粥，）她堅持現熬，說這樣，才新鮮好吃。並且，她又細心研究火頭，保持一種較小的文火，慢條斯理的煮，這樣，粥才香。雲景之二，她慈藹的把溫度計送入他口中，輕輕爲他按脈，這是她每隔四小時的工作。她臉上滲混深湛的焦慮和期待，好像一件攸關她生死存亡的答案就要揭開。試完脈，抽出玻璃口表，看見那線色水銀線拖得很長時，她臉上愁紋立刻加深，眼圈也紅起來。假如它縮得很短，明朗的笑紋立刻描畫嘴邊。每一次水銀口表放在病人口裡，倒好像不是試他的溫度，而是試自己的悲歡度，她的生命音符隨水銀線高低而高低。雲景之三，她捲起袖子，捧了盆熱水進來，把毛巾擰乾了，伸到被單內，替他抹身子。她抹得很周密，有力，使他疲乏的肌肉微微有點酸痛，卻痛得舒服極了。她簡直像一個精明的按摩專家。一陣陣熱氣使他渾身融解。在這一卑遜服侍裡，他感到從未有過的肉體與精神的解放，混雜甜蜜。她知道，這種熱水磨擦會給他多少安慰，每次，總要換兩三盆熱水，不辭辛苦，忙一個鐘頭，直待他舒適得闔上眼，睡熟了，她才停止。雲景之四，每早晨，她細心替他整理被單。在薄氈子內外，襯了兩層白被單。每隔幾天、總要把裡面那層被單換洗一次。學習大醫院看護辦法。她抽裡單時，藝術化的、一節節的慢慢摺疊，像在摺一種花式。摺完，單子也抽出了。病人把注意力放在她的摺疊上，舊單子抽出來，新單子換進去了，病人還不知道，更絲毫不感一點騷擾，這就增加了他的輕鬆心情。雲景之五，上午，他偶然醒來，瞥見她匍匐地下，就床腿上搜尋臭蟲。她那微微老邁的身軀，因爲匍匐得久一點，在顫抖著。可她搜找得極細心，認眞。雲景之六，她用拂塵子替他輕輕趕蒼蠅、蚊子、百蛉子、和其他小蟲子。白天，她寧願用拂塵子坐守，不願放帳子，說空氣不流通。直到傍晚，蚊子特多，她才把圓帳子挪到床外，站在凳子上，細察帳內有沒有偷藏蚊子，如有，不管怎樣，總要撲殺牠們，等到確認一個沒有了，她才仔細把帳子展開於床四周，一面展，一面搖扇子，生怕蚊子偷偷鑽進去。扇子撲過一處，這才展一處。她做這種工作時，專心得像刻字匠，一毫一厘也不許錯過。有一次，爲了捉一隻蚊子，她足足忙了小半個鐘頭。她年紀到底大了，眼睛靈活，手腳有時卻跟不上。逢到這種時候，她也毫不煩躁，仍極安靜的工作著。雲景之七，傍晚，他瞧見她跪在窗前，低低爲他祈禱，臉上每根虔誠線條，全說明一種內心火燄。她的情緒是那樣誠懇，憂慮，他無法不用袖口拭眼淚。他幾乎想大喊：「啊，親愛的媽媽，請你不要禱告上帝了，你就是我的上帝！」雲景之八，有一天，當醫生宣佈，他的危險期已過時，她的面孔像一幅陰霾許久的天空，第一次閃射陽光：一片微笑。淚水從她眼角滴下來，一滴滴的，一滴滴的。可床上人的眼角，也回應著它，一滴滴的眼淚流下來。雲景之九，在那些流汗較多的日子裡，隔二十分鐘，她總用熱毛巾給他「拭」一次汗。她似乎精嫻拭的藝術，拭得極慢、極輕，即使他睡著了，也不被驚醒。有一次，他偶然醒來，只覺一種很舒服的熱氣流在臉上，身上，他第一百次明白：這是什麼意思，一陣眼淚湧出來。這一次，她第一次詫異了，怎麼剛拭了汗水，立刻又是一陣？接著，她明白了，也流淚了，因爲，他突然顫巍巍的。把兩手從被單內伸出來，緊緊抓住她的雙手，嗚咽著。最後，他低低哭泣了。

……啊，雲景……雲景……雲景……啊，這不是雲景，這是純人與純人的愛！這是永恆的母性。是生命從野獸進化成人的歷史見證。這是黑暗世界的光明。這是人類普遍得救的最後保證。啊！媽媽！我最親愛的媽媽！在這片混沌宇宙中，有哪一種生命、能像你給我這麼多陽光？當我倒下時，有哪一種生命、能像你這樣扶持我？安慰我？溫暖我？愛護我？如果沒有你仁慈的眼睛，整個大自然和人間將變得怎樣可怖？啊，現在我週遭的一切與一切，沒有一樣不感動我，體貼我。沒有一樣不對我坦白，眞誠，充滿比海水更洶湧的愛，彷彿要用全地球上一切海洋來淹沒我。

這一切與一切，難道不是生命？生命？生命？我有什麼理由恨它們？疏遠它們？我有什麼理由恨生命？疏遠生命？假如這種母愛與和平違背生命，爲什麼地球上偏偏有它們？爲什麼人偏偏只從它們中間，才感到這樣強烈的歡忻、抖顫、與光亮？難道唯一代表生命的，只是那些無限制的陰謀詭計？人與人的猜忌？排斥？不信任？在眞理國度裡，難道只有血才美，和平永無立足地？爲了追求眞理，我只應該在四周佈滿憎恨，不讓偉大的愛明明亮亮走進來？在生命的門裡，永遠只許政治喇叭與大鼓聲虛僞的震響，一切誠懇的聲音必須趕到門外？而又被門內浮薄響聲掩蓋淨盡？

六

滿屋子是金桂花香，香味一朶朶的，從院子裡幽幽撲進來，慢慢塡滿每一立方空間，風強化了它的流動性。一陣風起處，香就像一圈圈湖水漣漪，一波波捲入，相互競賽。香浪裡，偶夾短短的慵困蟬聲，啞啞的，似有迂迴的哀怨。兩隻蜻蜓，青青的、透明的，飛到窗口，其中一隻，老想撲入另一隻身上，但後者卻躲開了，躲的那隻大約是雌的。一隻綠色蚱蜢，從地上連續跳到一棵羅漢松上，又由深綠色葉子上，跌到窗臺上。一片白色帷幕擋住牠，轉了個彎，牠蹤到那隻老舊的大藤圈椅的靠背上。圈椅內，一隻棕黃圓形體輕輕發出鼾聲，是印蒂一向寵愛的那隻大黃貓，牠睡得像童話中的林中睡美人。

貼圈椅對面的門坎上，一隻乳色蝸牛慢慢爬行，一路散蒼白汁液，形成一條神秘銀線。門坎裡面，是空寂大客廳，在它的古日本版畫式的靜穆裡，時或滴溜溜轉的響起三四聲嘹亮的「啾啾」聲，它們陀螺似的旋迴、繚繞，那是一隻孤單單的麻雀。它鳴囀不久，似乎有點害怕自己的孤寂迴聲，立刻又飛掠出去了。

聽到麻雀聲，印太太不自覺自一本黑羊皮厚書上抬起頭，望望床上睡著的病人，忽然發現一隻又大又長的蚊子在他頭上飛，飛得很急，慌慌張張的。她連忙放下書，伸手揮過去。那隻蚊子突然搖身變成兩隻，瞌瞌統統的飛出去。她不由微笑了，有點歉疚。那原是一對情人，它們攏結一起，正做「愛的遊戲」，卻被她活生生拆開了。

她慈藹的對床上望了一會，這才把厚書又捧起來，眼睛再折回到上面。多日睡眠不足和過度辛勞，一種疲勞色素滲透她瘦削的臉，她原本白淨的面容現得有點蒼黃，影響所及，她的植物型的幽靜態度，也不再保持往日的天清氣朗，卻絡罩一層迷亂和疲倦的霾霧；牠的禽鳥型眼睛，光線也有點暗淡、困乏，眼皮子萎然搭下來，瞳孔略略收縮，眼圈子微微發青。她兩頰顯然癯瘦多了，連從未顯著過的顴骨也暴露出來。這兩天，印蒂病狀轉佳，她神態雖然輕鬆許多，但長久的陰霾積壓太重，一時無法擺脫它沉暗的痕跡。即使沒有印蒂的病，這幅女人畫像，與四五年前那一幅也不同了。兒子在外面行蹤飄忽，以及這一年多的音訊忽然中斷，給她無窮重壓。她雖爲他病了一場，卻從未衷心埋怨過他。這次他回來，突然病例，她也從未盤問他的底細。甚至他病好以後，也不打算深詰既往。她覺得，一切都由上蒼那個偉大力量所決定，人只能匍匐承受。但這種無限制忍從，究竟不是不付代價的，這代價，就是她腦前微白的頭髮，額顙的皺紋，以及那掩不住的老態。這幅畫像唯一沒有改變的，是那顆慈祥的心。

不知何時起，印蒂醒了，還未睜開眼，就發覺自己的手腕被另一隻手半按著。從按的溫度上，他潛意識到，這是誰的手。他深深閉上眼，享受這可愛的溫度。約有一分鐘左右，那半按著的手鬆開了，他的臂腕被輕輕推送到被單內。但那可愛的溫度還留在手上，不，心裡。深浸於這溫度，如浸漬於春季陽光輻輳的核心，簡直是一種享受。他眞想永不睜開眼，就一直享受下去。有好一會，他才又張開眼，看見一張慈柔的臉望著他微笑，他止不住像小動物似的，輕喚一聲：「媽！」

她抑制不住喜悅，用派克自來水筆在病史表上塡了個數字。忍不住偷快的道：

「蒂，你的脈搏全平了，七十六次！──完全正常。」，她取過一支溫度計：「再試試表。」

他張開嘴。他知道，這其實有點逾分。兩點鐘前，才試過一次，大約是卅七度二，熱度大退了。但正因爲大退，她更懷著焦急的天眞心理，渴望它全退。好像隨了她的焦急，病人熱度也會退得更快似地。她像一個趕路人，離終點越近，腳下越快。平常，她本循規蹈矩，四小時試一次，現在卻提前了。印蒂天眞的想著母親的天眞心理，臉色卻漸漸嚴肅起來。

當她抽出那根玻璃管，看清管上的水銀紅線時，她臉上的喜悅，先還是游游晃晃的，此刻卻確切不移了。一片興奮的紅光透徹她蒼黃臉孔，她大大透了口氣道：

「進步得眞快！……只有卅七度一了，幾乎全好了。嗯，這就算好了。」

一陣嘹亮的啾啾聲又從隔壁響起來，一隻麻雀掠進大客廳。但這回她絲毫沒有聽到。她溫慈的替病人拉平枕頭，扯直被單，擰了把熱毛巾，替他拭了臉。接著，藹然問：

「蒂，你現在餓嗎？想吃點什麼？告訴媽，媽給你做。你現在可以自由吃點東西了。可只能是流質的，固體的不行，你腸胃太虛軟。」

印蒂閉上眼睛，（他覺得現在應該閉上眼睛，咀味一種更深的享受。）有點氣虛的含糊道：

「媽，您看我能吃什麼，就給我什麼吧！……」終於睜開眼，微笑著補了一句。「最好是甜的。」他的話聲虛弱無力，遮不住一份疲倦。

她溫和的責備道：

「傻孩子，媽怎麼想得準？你應該吃你最想吃的。你現在想吃什麼呢？」

他微笑著，神色有點振作起來。

「不，媽媽無論做什麼，……每一回恰恰是我所歡喜吃的，……再巧也沒有了。」

她也微笑了，多日來，她第一次輕鬆的道：

「傻孩子，就這樣信賴媽？」

他不開口，又閉上眼睛，微笑著，「嗯」了一聲。

她微笑道：

「那麼，我給你做一碗杏仁糊。做稠一點，像廣東杏仁糊，好不好？」

他點點頭：感激的望望她，這正是夏季他最愛吃的甜食。

三十分鐘後，她端了個搪瓷白托盤進來。印蒂抬起身子，打算接那隻景德磁白碗。

她止住他：

「不，你躺著，讓我來餵你。」

印帶微微反抗道：

「不，媽，我今天好多了，我可以坐起來了。」

她嚴肅的道：

「不成，你的熱還沒有退清哪！儘管只一分熱，仍得當心。」接著，口氣溫和了點。

「好孩子，聽話。」

她當眞端起碗，用白色羹匙舀著，開始餵他。

他見是剛製好的，揣度大約很燙。因此，當羹匙第一次送到唇邊時，不免有點害怕，眨了眨眼，禁不住臉孔向後縮了縮。但當那香甜液體正式流入口中時，他這才發覺，這一回對母親的不信賴，只是對他良知的一種懲罰。那杏仁糊早用井涼水冰過一會，熱得剛好不燙嘴。吃到後來，他發現另外一種甜味，和糖不同，他剛想問，她似乎會意，有點得意的笑著道：

「蒂，你吃得出碗裡還有別的東西嗎？不要看碗，猜猜看。」

碗裡的酸甜味恰是他最歡喜的一種，但他一時卻想不起是什麼。

「一片清香是杏仁。媽，您放了許多杏仁。可能還有桂花。可那種特別的酸甜味，我卻猜不出。」

「沒有記性的東西！你最愛的楊梅醬，怎麼忘了呢？」

印蒂恍然悟過來，笑著道：「我眞病糊塗了，沒有想起您竟會做這個。」

母親道：「這哪裡是現在做的，早兩個月就做了。」

「怎麼，早兩個月就做了？」他有點莫名其妙。

「可不是早兩個月做了。……每年夏季，你姨媽總要托人帶十幾斤蕭山楊梅來，知道你愛吃楊梅醬，我便熬一些用磁罎子盛好。這回是烏梅，是楊梅中最好的。防備你回來。你最愛吃這個。用紅糖熬的，紅糖比白糖好不滑腸。……可是，年年你總不回來，臨了還是我們吃。想不到你今年能趕上。」

說到這裡，情感有點湧上來，眼圈子紅了，她突然收轉話題，指指棕色櫸木五斗櫥桌面上一大疊紙包。

「蒂，你猜，那是什麼？」

印蒂搖搖頭。

她笑著說：「那是一包才從朋友借來的音樂片子，家裡的太舊了，可能你早聽膩了，這些都是新的。準備你病好一點，給你解悶的。」

他笑著道：「是不是那是些聖歌？」

她否認：「這是一套頂新的意大利歌劇：『鄉村騎士』，音樂非常好聽。」停了停：「其中只有一支聖歌：『聖母頌』，恐怕你還沒有聽過，是頂新的一種『聖母頌』，非常美麗，不比修伯特和巴哈那兩支差。」

印蒂向五斗櫥投了一瞥，注意到一件事：那棕黑櫸木櫥櫃面、蒙了一層白色大罩布。這突然使他聯想起另一些事。他舉眼瞧了瞧，果然看見：母親床上平日常用的藍花褥單，已換成純白色。那頂白色圓紗帳，是父親寢室裡的，母親的原是一頂藍色珍珠羅方帳，換過了。靠床茶几，也換了個白漆的，上面有一瓶白色洋牡丹花。窗戶台上，婷立一尊白色雙翼女神石膏像，是新佈置的。他再看看母親身上那件白色細洋布袍子，又瞅瞅剛才盛杏仁糊的白托盤，白碗，白羹匙，再張張中央圓檯上的白台布，白茶盤裡的白茶壺，白茶杯，和那柄白色鵝毛扇，這一切白色，原是經過一番精心設計，模仿醫院，專門平靜病人心靈的……

幾天後，從父親談話裡，他便知道：母親認爲她這間寢室常有聖靈護佑，特意要他睡在房內，病好早日痊癒，現在果然應驗了。

父親又微笑告訴他，此次病中護理，母親一手包辦許多瑣務，她不放心趙媽粗手粗腳，只許她做助手，甚至連他也插不上手。他總擔心她太累。但眞正是上帝保佑她的健康卻現得出奇硬朗。

他又閉上眼睛。——說不出爲什麼，今天下午，他老想閉上眼睛，似乎只有這樣，他才能深深酣的沉醉于一種偉大情感，一種近十年來罕見的享受。他此刻心緒眞有點像修伯特的「聖母頌」，又純潔，又迷魅。……

不久，他聽到門外父親的腳步聲。

七

「怎麼樣？好一點嗎？」印修靜先生走進來，溫慈的問。

「昨天那兩針『九一四』眞見效，熱差不多快退清了。」印太太笑著答，掩不住內心愉快。

父親走近床前，對病人臉孔仔細端相一番。

「怎麼樣，還覺得不舒服嗎？」

印帶輕鬆的道：「好多了。爸！」

父親嚴正的道：「這一回，起初是重感冒、後來又轉回歸熱，先是弄錯了，誤以爲是惡性馬來列亞。直到第二個星期，你臉上鮮明露出黃顏色，你又不斷叫肝臟痛，再看熱度變化，謝大夫才正確診斷出來，給你注射九一四，這是回歸熱的特效藥。謝大夫是我東京帝大的老同學，老朋友。他的醫道極精。可你的病實在複雜。初起時患流行性感冒，扁桃腺發炎，後來又鬧了幾天急性腸炎，謝大夫總算一一給你治好了。這樣，或多或少，也影響了早期診斷出你的回歸熱。」說到這裡，他從旁邊桌上拿起一疊病史表，用鐵夾子夾好的，上面，有謝大夫和妻子的鋼筆字跡。他詳細看了一遍，透了口氣道：「看情形，今晚熱度可以全退了。……」望了望病人。「全身累得很吧？是不是有點酸痛？」

印蒂低低道：「嗯，很累。酸痛，還好。」他感激的瞧瞧母親。「媽媽每天替我用熱水週身摩擦。……就是說話還有點吃力。……」

「那麼，少說一點。回歸熱特別累人，這極疲累，不是短期能復原的。再加上你又併發這許多病，氣虛血虧，元氣大傷，是理所當然的。這回，你即使痊癒了，也得好好將息一陣子。……你瘦得不像樣子了。」停了停，若所有思。「這幾年，你在外邊，也過於辛勞了。……生活過度騷亂、不安定，總會出毛病的。……人不能老旅行，沒有終點。……這一次，你得在家裡好好休養一個時候。體力初步復原了，可以到後園裡晒晒太陽。人應該常與大自然接近才行。」

印修靜先生抬起頭，瞅瞅太太，帶著關切的態度，微微警告道：「蘊如，你自己也該當心一點。你已經快十天沒有好好睡了，再這樣下去，你也會像他一樣（右手指指病人）躺下來的。你臉色難看得很。」頓了頓，帶點堅持。「從今晚起，讓我來看護蒂兒兩天，你到我寢室裡去，好好睡兩夜，休息休息。」

印太太藹然道：「還好，我也不覺得怎麼。……平日閑散慣了，這一陣子，累幾天，也還將就。」

父親正要開口，印蒂搶著道：

「媽，無論如何，今晚您不可以再看護我了。要不，我躺在床上，也睡不著的。我已經快好了，你應該放心了。這些天來，您爲了我，……啊，媽媽。……」他說不下去了，喉嚨哽塞了。現在，聽了父親的話，他心目中帶點幻想意味的母親臉形，第一次化爲現實性的，他終於看清它的極度憔悴與癯瘦，因此，當他說上面話時，在一種堅持與執拗之後，繼之而來的是斷線珍珠似的淚珠。

母親想分辯，一條人影子在玻璃窗上幌動起來。印蒂在床上也瞥見了，他正要問，那影子卻凝定了，是一個鬚髮花白的矮胖老漢。他那老橡樹似的粗壯身子，慓悍的坐落窗外，他的一雙燧石小眼睛，透過那斑白的倒垂眉叢的覆影，射到屋內，略略帶了點猶豫。他身穿一套黑箭衣，褂子上密密扎扎有十幾排布蝴蝶扣子，腰裡緊繫了根青布「紮腰」，它有兩大截在腰邊飄飆，像一大段青黑水浪。

「啊，么虎！」印蒂高興的輕喚著。

老人在窗外探了探身，「少爺好一點嗎？」

「好多了。謝謝你。」母親答：「你進來坐坐吧。」

老人微微躊躇一下，終於呵著身子，稍稍咳嗽著，走進來，直直站著，沉默了一會，從口袋裡摸了許久，掏出一張淺黃紙，有點害羞似地，咭咭吧吧道：「哪，這，這是一張秘方。……聽說少爺病兇，……我急得很。……我問了好些老相識，……討了這張秘方，……蠻靈的。……」話語自然了一些。「唉，這些年來，少爺在外面，單身一人，風裡雨裡的，受夠了魔難，怎得不病？……試試這張秘方看。……少爺是文曲星，玉皇大帝會保佑的。」他把那秘方交給印太太，拱拱腰，微微慌張的低低道：「我走了。」

「你坐一會吧？么虎！」印蒂道。

老人連連晃著腦袋，有點慌張的匆匆道：「我，我走了。少爺好好將養吧！」極懇摰的重複兩句：「那秘方靈得很，可以試試。不少病人全被治好了。」

印蒂目送老人的龍鍾背影，說不出爲什麼，他忽然產生一個慾望，想匍匐下去，在他腳下抓一把泥土，放在嘴裡嚐嚐。

……………………

這一晚，拗不過父子兩人堅持，印太太終於和印先生掉換一下，睡到丈夫寢室了。

夜深了，一切都堙沉下去，只有嬌下的吟蛩在階前「唧唧唧」鳴奏，褐色的金琵琶也從草叢中應和：「金唧鈴……金唧鈴……。」偶有一隻蝙蝠盲撞到柱子上，「咕咕」銳叫。但這些聲音都分毫不能驚動房內人。印修靜父子正在熟睡，寢室內五斗櫥台上，一盞古式乳白圓罩燈閃亮著。燈頭燃得很小，火苗幽微的顫動，燈光是迷茫的，把朦朧的白色塗抹於四壁，所有壁上的暗影與硬度，彷彿被微微溶化了。

大約午夜時分，一條人影子晃動在壁上乳白光色中。它從靠房門處晃起，一直晃到病人床畔。一個婦人幽幽走近來，聲音比落葉嘆息還輕。她走到病榻前，看看病人，他睡得很熟。他的一雙膀子裸在被外，她輕輕伸手到帳內，把他手臂輕輕推送到被內。她抬起頭，看見一隻蚊子停憩於帳面，悄悄從帳外抬起手，敏捷的用手捏了捏白紗帳，牠立刻和帳子絞在一起，被捏死了。她就帳子四周巡視一遍，見有兩處，帳子未靠攏床沿，有漏縫。她彎下腰，把它們塞到褥單下面，壓得嚴嚴的。接著，她發現窗戶開得太大，風有一點點猛，她蹀躞到窗前，輕輕把窗子關了大部分，用鐵鈎子鈎牢，只留下一條小縫透空氣。風斜吹進來，剛好吹不著病床。這一切做完了，她站在病床前，隔著紗帳，暱愛的睇視病人面孔，像觀賞一片永遠觀賞不盡的風景，一幅大畫家的不朽傑作。她望了又望，一忽兒流幾滴眼淚，一忽兒又微微笑笑，……

迷迷惚惚的，印蒂從一場甜蜜夢中醒來，恍恍糊糊半睜開眼。突然，他發現一幅畫像：它竟含有無窮威力的君臨他。他張開全眼，似看見畫上核心，一片又神秘又莊嚴的光華。從光華中，一顆滾燙的腰圓的心撥閃灼著。它在慢慢放大，漲滿全屋子。它強烈的溫度，緊緊塞住他的呼吸，填阻他的聽覺，充斥他的視覺。他什麼也看不見了，只有一片溫熱的明亮的性靈的火光，它靜靜的美麗的輾旋，輅轉。旋到後來，他的眼波忽然澄清了，終於瞧見這幀畫像的中心形體——母親正在床前慈愛的痴望他。即使隔著一片紗帳，他也能纖維畢顯的、看清那幅比耶穌更瘦削的臉孔，那雙禽鳥型的仁藹眸子，它們的光輝似無所不在。

他想發聲，不行。想動一動，不行。他只有靜靜靜靜躺著，讓兩行熱熱清淚打濕他的枕頭。

不知何時起，帳內人的一隻瘦手伸到帳外，微微抖顫的找尋著，終於，被另一隻瘦手暱愛的緊握著。眼淚一滴滴的，悄悄的，沁入手背。

八

一星期後。

一個禮拜日上午，後花園澄明極了。透光的高積雲，綺紋玲瓏的編織於天空，一塊塊的，井然分劃，好像是天方夜譚上的神氈氈，要順著次序、一片片降落下來。聯綴它們邊緣的，有少些蔽光高積雲，畸形而幽黯，宛若高掛著一些淡淡哀愁。這是一個有楔形高壓的天氣，有氣壓脊作爲氣流散發線。沉重的氣流舒解了。一切晶亮晴麗。整個大氣彷彿是透明的，玻璃型的，可以用手捫觸。透過玻璃質的空間層，陽光自雲的窗簾裡射出來，投照花園。青磚圍牆上，滿滿搭拉著綠色爬山虎，在日光中反映一派煌麗又森嚴的氣象。它的親屬蔦蘿，柔柔攀牢幾株櫸樹，結著黃綠色小菓實。老櫸樹開裂處，流瀉棕黑色汁液，逗引了一些螞蟻和小蟲子。幾隻草蛾子在綠草叢低飛。兩隻白鵝蹣跚於草叢附近，像兩艘靜靜的白色小船。黃色小鴨撲到泥水坑裡，「鴨鴨」叫個不休，渾身毛茸茸的，迴耀著金色陽光。黑花狗搖著尾巴，忠實的跟住么虎。老人正修翦一棵日本種雪松。園子裡盈溢花的香味，陽光的金彩，鳥的啁囀，風的流動。這是一個水晶樣的秋天，一個叫人只想感覺不想思想的日子。

這天上午，生物學家特別高興，拜日沒有課，他可以全天休息；同時，兒子病已痊癒，能扶杖勉強散步了。因此，他別開生面，提議在後花園用晨餐。他吩咐趙媽清早上街，赴一爿著名的廣東飯店買了一些粵式點心，蛋黃酥、叉燒包子、火腿餅，……都是印蒂歡喜吃的。一面飲紅茶，一面欣賞園景，一面享受一頓豐富的晨餐。他們兩個說不出的輕鬆。

七點多鐘，印太太到附近一座聖公會教堂做禮拜去了。兩小時後，她回來時，父子兩個仍在後花園閑談。鋪白色台布的丁字小圓桌邊，印修靜先生坐著，靜靜抽板煙。兒子卻躺在白色帆布睡椅裡，沉醉於瑰秀的秋色中。

印太太坐在一隻籐圈椅上，看見草上一隻飛蛾，輕快的想起一件事，輕快的道：「我當小孩子時，聽長輩說，這幾天早上起來，用草頭露磨墨，點孩子額頭和肚腹，可以袪除百病的。」

印修靜先生從嘴邊抽出煙斗，平靜的道：「這叫做「天灸」，逢朔日才行，現在已經過了。也有人用露調朱砂，蘸在小指頭上點的，叫做什麼「六神日」。……這種風俗，目前怕已成歷史的回憶了。」

印修靜先生說完，仍靜靜抽煙，微微閉上眼，似乎諦聽什麼。

大家沉默一會。一直沒有開口的印蒂，微笑著道：

「爸，我現在倒有個提議：把話匣子搬出來唱唱，好不好？」

印修靜先生張開眼睛，用煙斗指指身前身旁，沉思的道：「你們聽：這四周不是頂好的音樂嗎？大自然的留聲機，比什麼人造的都好。」

大家側耳諦聽，園苑內一片鳥聲，果然瞭亮悅耳，銀子似的。葳蕤的林葉叢中，茂密的樹梢頭，斑鳩穠艷的「咕咕」；畫眉清脆而靈巧的弄舌，像西洋音樂的花腔女高音；竹葉青婉柔的囀叫；山鵲發歡的鳴噪；麻雀細碎的「啾啾」，彷彿是一些水點子亂濺岩石。這一切鳴聲澤瀉著、雜交著，和奏出一片旖旎的音籟，樸素極了，也超脫極了，絲毫不染一纖人間的肉感色彩。聽著聽著，下意識的，人會覺得自己新鮮了、飄忽了，好像泅泳於青雲間。

有好一會，印修靜先生深深吸煙，不開口。最後，他吐了一大陣寶藍色煙霧，有點沉酣的輕輕喃喃，像是自言自語：

「這一切不都很好嗎？……這一切不都很好嗎？……」轉頭對印蒂，愉快的道：「你覺得怎麼樣？」不等對方回答，又帶沉思意味，一個字一個字慢慢說，好像要把它們送到印蒂心坎深處：「刮大風有刮大風的好處。……風清日麗也有風清日麗的好處。……我個人的生平經驗是：晴明比風雨好。只有在晴明中，我們才能眞正享受大自然的財富。……只有在晴明中，一個人才能深深咀嚼一些錯綜、一些現象。人在大風裡只想狂衝，狂奔，絕不想慢慢咀嚼什麼的。」

印蒂一壁傾聽父親的話，一壁幽聽鳥聲，他讓自己思想變成一些懷孕育卵時的鱔魚，泅入極深的深水流裡。他漸漸感到，日子對於他，越來越顯出一些色彩了。

生物學家抽完滿滿一斗煙，現得很高興。他把煙斗煙袋子放到桌上，起身到書房，取出幾個玻璃罩子，和一個鐵網子。他輕鬆的邁步到草叢中，去採集標本。不一會，他就埋首於一些草蛾子和昆蟲裡了。

印太太轉頭對印蒂道，「這裡還剩一些點心，我拿去送給么虎和趙媽吧！他們很喜歡這些廣東點心的。」

印蒂非常贊成，他搶著道：「媽，讓我去吧！」

「你會累的。」母親撫愛的說。

「不，我正應該散散步。」

印蒂於是一手端盤子，一手拄手杖，向么虎那面走去。這時，老人已修剪好雪松，使它成爲整齊的傘形，一巨盤一巨盤的。他兀坐草叢中，捧著那長長湘妃竹旱煙管，慢慢的，「嘶嘶嘶」吸旱煙。印蒂把幾件點心遞給他時，老人站起來，連連呵腰道謝。印蒂從裡面取出一個叉燒包子，打算投給黑花狗。老人止住他道：

「不，狗不能吃鹹，吃了要癩皮脫毛的。換一個甜的給它吃吧。」

老人取了個甜包子，吆喝著，喚著。那狗搖著尾巴直轉，發歡的用頭磨擦他的腿。他亮了亮包子，輕輕投下去，罵著道：

「饞癆鬼！……餓不死的囚囊，……這一下，你稱心如意了。」

印蒂勸道，「你這就吃吧！」

老人眏眏眼，笑著道：「那個，我要收起來，慢慢下酒，……你等一等，我去廚房裡，把盤子騰出來。」

「那麼，剩下的幾隻點心，你就送給趙媽，說是我們請她吃的。空盤子也交給她。」

老人抽著旱煙。向園門口走去。不一會，他回來時，印蒂還站著。他是站著回憶，回憶這次病中，趙媽是怎樣熱心的協助母親，護理他。這個多年老僕，實在太淳厚了。

「少爺，你坐坐吧！這都是雀米草，鑾乾淨的。」，

印蒂坐下來。老人仍在「嘶嘶嘶」吸著，且悠然望天邊的雲，不再開口。一陣難堪的沉默主宰一切。黑花狗這時早已消化了包子，在草裡打滾，驅逐皮毛裡的狗蠅子。有好一晌，老人看看頭上艷陽天，一半對印蒂，一半自言自語的咳嘆道：

「……外面風風雨雨的……年輕人少有不病……病短就好，長了可麻煩。……。」停了停，帶著點自信，匆匆做了結論：「病病也好，金剛是魔劫鍊出來的。……病好了，一個人會活得更起勁。嗯！……咳！咳！咳！咳！……咳！咳！咳！……」老人突然猛

烈咳嗽起來。他搗了搗胸口，站起來，敲敲煙管的灰燼，開始拾起削草的魚尾刮子，到雪松下面剷芟莠草：一些狗雞草、狐狸草、蔑子草，……。

老人默默工作。他那矮短茁壯的身子，蹲伏地上，像一小截大樹樁子，它的大半截被一夜巨風突然吹折掉了。在這殘酷的老幹上，依然留下糙硬皺皮，和粗獰的褐黑色；但包圍這糙硬和粗獰的，卻是死樣的沉靜。老人嚴肅的揮著魚尾刮子，沉靜得像一圈用嘴啣著自己尾巴的蜷盤冬蛇。他每一個動作，與其說是把自己肌肉投到外界，不如說是把外界抓埋到自己肌肉中。他黧褐發紫膛色的臉上，透著無窮的專一和忍耐。這種忍耐，經過多年磨鍊，已在他臉上雕成定型。他一叢叢的削著草，整個心似乎都鑽到草根裡。這時，即使全世界陡然翻一個身，他也會繼續剷削下去的。

不一會，那一披披雜草，全亂倒在地上。

印蒂在一邊端相老人的動態，不禁看得痴了。就在這時，他聽見母親的喚聲。

印蒂回到圓桌邊，母親遞了封信給他，笑著道：「你姨媽知道你病了，惦念的不得了。要你病好了，到她那兒休養去。——她家離西湖很近。」

印蒂讀完信，詫異的道：「怎麼，姨媽她們一直住在杭州？我記得，她們是最愛搬家的，一會兒由北方搬到南方，一會兒又遷往杭州。」

「最愛搬家的，是你姨父。他去年過世了。她們就不會再搬了。杭州這塊清靜地是佛地，頤養天年，倒是個理想所在。」

「表哥表妹他們都住在一起吧？」

「你表哥大學畢業後，在杭州做事，卻是一個本分人，就是懶散點。你表妹，哦——」說到這裡，她停了一下，慈藹的笑道：「哦，縈丫頭眞有點磨人，眞是頭野馬，現在不知道是在香港，還是在廣州哪！……」

印蒂問道：「她此刻在哪裡念書？」

母親道：「她哪裡還念書！仗著聰敏，早熟，讀初中時跳了一級，十六歲高中畢業，全校考第一名。而且，從高一起，年年考第一名，門門考第一名，她這就瘋了。說學校裡已學不出什麼了。她死不肯上大學，說要入什麼社會大學，到生活裡找尋什麼。這以後，她就做了一陣子事，又加入一個劇團，到處演戲。現在，誰也不知道她幹什麼。她跟家裡寫信，從不說實話。你姨媽爲她，急的不得了。可她哥哥又沒性子，遇事馬虎，不願管，也管不住她。……」輕輕嘆了口氣：「還是古人說得好，女子無才便是德。女孩子有點歪才，相貌再得人意點，那倒是一種危險。」

母親說到這裡，微笑的望著印蒂，頗有「文章」的道：「不過，縈也實在長得太漂亮了。前年她和你姨媽到我們這裡住過半個月，我見了她，完全不認識了。她身段修長，眞是婷婷玉立。我眞正沒有想到：這丫頭會出落得這樣美。」輕輕笑起來。「男孩子見了她不發瘋，可眞不容易。」停了停。「聽她母親說，畢業那一年，不收不收，一個月也要收一二十封情書，學校裡的男孩子，爲她出了不少事。……」溫藹的笑著，低低的慢慢的道：「蒂，你見了她，也會喜歡她的。」

印蒂不開口，卻轉眼望前面。這時，父親已帶著兩個玻璃罩子，挾著鐵網子回來了。他高興的道：

「你們看看這美麗玩意兒！」

在一個罩子內，裝了一隻巨大金鳳蝶，金碧輝煌的色彩中，雜著黑檀色的斑紋，濃艷得像個貴婦人。印蒂禁不住望了又望，連聲讚美。

另一個玻璃罩中，裝了幾隻昆蟲，活潑潑的跳動著。印修靜先生沉靜的道：

「蒂，我考考你的昆蟲知識，你說說牠們名字看。」

印蒂湊過去，望了一會，終於指了一隻黑色昆蟲道：「別的我都不認識，這一隻是蟋蟀，很容易認的。」

印修靜先生忍不住揶揄道：「你要是我班上的學生，我會給你零分的。」微笑道：「這哪裡是蟋蟀！是螽斯。蟋蟀的前翅，沒有細脈，螽斯卻有。」他一一指著另外的昆蟲，告訴印蒂：「啊，那是竈馬，它和蟋蟀是一類。可是不能叫，平常它老躲在地板下面，夜裡出來，到灶裡偷吃殘賸食物，所以才叫這個名字。今天難得在牆角草叢裡捉到一隻。……那小的是蜻蜊，叫起來是「哩哩哩」的。」接著，他指著一隻淡綠色蟲子，對印蒂道：「這一隻昆蟲，你應該認識的。」

印蒂搖搖頭。

印修靜先生沉靜的回憶道：「我記得從前跟你提過的：它是瘠螽。」聲音微微暗下來，「牠的眼睛是複眼，會隨光線明暗而變化的。」又低低重複兩句：「嗯，老是變化的，變化的。」

印蒂低下頭，把全付情緒放在瘠螽的眼睛上，彷彿要立刻捕捉它的變化顏色。這時候，他開始記憶若干年前那個下午，關於這個小昆蟲，父親曾和他有一段長長談話，帶哲學味的。此刻，他似乎比較能夠理解父親當時思想了。

第九章

一

生命是一連串大毀滅與再建造。大毀滅中有大自由。大建造中有大眞理。在大毀滅的火燼中，眞理像阿拉伯鳳凰昇起來。高入雲表綿醽亘千里的煌煌神廟，一個夜晚，會被生命的煉火燒淨，一個白天，另一座新宮殿會昂立於廢墟，像山岳。這裡面沒有哭泣，沒有歡樂，沒有惆悵，沒有吟哦，沒有徬徨，只有一柱石刻碑銘：精神的莊嚴！生命大軍前進行列的莊嚴。被推到羅馬鬥獸場餵獅子的古代基督徒，一面唱聖歌，一面把胸膛赤裸裸交出去，這裡，高貴的不是天堂，不是十字架，而是最高度的精神莊嚴。生命的昇和落、明和暗、存和亡、進和退，一個點頭，一個搖首，全取決於精神的莊嚴刹那。這刹那，是締造永生的基石，只有它才經得起生命毒火的永久熬煉，扛得起信心的大纛，在大纛四周，生命的河水日夜流。

靈魂的自由，精神的廣度，正義的無限開展，理性的白晝，良心的聖火，這一切一切，全是生命花朵中的花朵。沒有靈魂的自由，沒有精神的廣度，沒有廣度，沒有理性的白晝。生命的自由泉水，終古常新，從地底湧出，投向任何一隻杯子，一個碗，一隻手，一朵花，沒有人有特權在泉水四週築籬牆。生命是無國無界的。在海裡，生命亮著；在路邊，生命走著，在森林，生命搖著，在花園，生命開著。生命的法官張大犀利眼睛，藉人性中的透明貫穿一切。生命的絃子，把感情帆樣鼓脹起來，藉人性中的微風感受一切。一切照它內在的風向流動而震響。流動與震響，永無休止，聯繫了萬象。從一座獵戶座大星雲到一隻蜉蝣，從蛆蟲到紳士，從黑爾古斯峰到一條明太魚，全和諧於流動中。幸福與悲哀，秋天與春天，給予和狩獵，晚鐘聲及牧鈴聲，大衛像與命運交響曲，都是和諧的流動體。慾塑展開華翅，歡樂的杯子滿溢，古雅典豎琴在彈奏，最後一朵薔薇花落了，第一根白髮從落花中飄起。……啊！生命！生命！生命！無終無極的生命！希望的生命！絕望的生命！金黃色的生命！死黑色的生命！你千萬年奔流著！變化著！啊！停住吧！停住吧！讓我們好擁抱你！

在一生中，印蒂現在這段峽谷，是第一個大峽谷，也是最重要的一段曲折迂迴。這座峽谷不僅代表他，也代表這一代的人，不只代表這個東方古老民族，也代表這個世界。這一代無數自由靈魂，也像印蒂一樣，在這山峽急流中勇敢駛行。但印蒂模糊感到，這峽谷正像長江三峽一樣，船一出峽口，兩岸再沒有那些威脅人的嚴肅山峰，一切平坦親切。「未來」的兩岸，究竟有些什麼村莊和森林，他無法預測，但最低限度，它們不會有要壓倒他靈魂的嚇人巍峨體，他的心靈至少可以自由舒展一下。這些年來，在這些山峽急瀨中，左一個險峭山峰，右一個巉巇高嶂，一座座都壯大得叫人害怕，船在這些龐大存在中拐來折去，下面是洶湍的水，兩岸是金剛巖崖，上面是狹窄天空，人的精神大受一層壓縮，凝小了。十年來，他傾倒於這些森嚴的巨體下面，盡可能壓榨自己心靈。目前他已被榨夠了，不能再收斂了，他需要透口氣，他必須趕快離開這偏狹的空間，讓肉體與靈魂到平原地帶去伸展齊全。和他同時駛入峽谷的許多年輕靈魂，他們雖已感到地域狹隘，怒濤毫無同情，以及整個窒息人的嚴厲氣氛，卻仍不敢駛出去，寧願沿一座又一座山麓來回拐折。在這一點，印蒂卻是第一個勇者。他不顧這些峰巔的怒吼與威嚇，無視那滾滾駭浪的詛咒，以及別船上的許多怨眼，許多伙伴的嘲罵，他毅然放棄峽谷，決然向峽外衝去，爲自己開闢一條新航線，新命運。生命本是無窮無盡的實驗與再實驗。昨天實驗，今天實驗，明天還得再實驗。上秒鐘實驗，這一秒鐘實驗，下一秒鐘依舊是實驗。在實驗中，發現任何一個錯誤公式，任何錯誤的數字和符號，實驗者都有權推翻一切已建立的。

印蒂的精神轉航，既非由於懦怯，（他所交付出去的已夠換待「勇敢」了，）也不由於愚騃，（他自信比同輩的伙伴們思想得更深更沉，）更不奠基於仇恨、報復、和代價上。這只是純粹心靈的覺醒。它正像十年前那次一樣，發源於一種懷疑與反抗。一個人在聖殿禱告了十年，一朝發現各角落的污穢與奇臭，和聖壇下的毒液，以及隱藏於四壁後面的虛僞，而最叫他毛髮悚然的是：建築這典麗聖殿的材料，竟含有他一向唾棄的許多東西：野心與貪婪、自私與專制、私怨與陰險。在這一發現下，他不能不撕破這場噩夢，讓自己的自由心靈覺醒過來。他的靈魂需要解放。他的精神醉態必須劊掉。他必須保持清醒，讓自己做個自由人。直到目前止，牠的公道感覺並沒有死，他的良知並沒有麻痺。過去，他愛人類，愛窮人，愛正義，愛明天，現在也還是這樣的愛。正因爲愛他們，他才應該找尋一個完滿的愛的方式。愛人群的人，只能多給他們幸福，不許加他們痛苦。這痛苦如果是別人加的，他必須反抗，如果是自己加的，必須立刻砍掉這手。

他和這時代千千萬萬青年一樣，追求眞理，找尋信仰。但這眞理必須代表光明潔淨。正因爲人間現實奇醜，人們才追求眞理的完美。假如在信仰的神聖國土裡，也有黑夜和航髒，那麼，人儘可以在現實污泥中打滾，不必徒勞往返，把地上的醜戲傻劇搬到天上重演一番。也有人以爲，一切眞理只是一種過渡，一種暫時的方舟，它裡面本包含有殘疾與污暗，但這並不妨礙它把人從更深的黑暗現狀載到黃金的「明天」。但這種說法依然是一種巧飾。任一種眞理，當它初步堂堂出現時，無論如何，在它身後，總環繞一圈聖潔的完美無缺的光輪。至少，在當時人心裡，是這樣感覺。假如沒有這種感受，人們不會虔誠的匍匐下去。然而，幾經時間風雨的晝夜剝蝕，漸漸的，這尊眞理金像終於被抹掉金粉與煌彩，露出內層的污泥和朽木。這時候，原來的信徒仍然膏沐於「過去」的聖美光輪中，他們的眼睛被「往日」的感情雰圍所蒙罩，既看不出聖光的消逝，也看不出金粉的摧落，更不知道，（這需要一種高度智慧，）他們此時所崇奉的，並不是眼前的殘闕金像，而是「過去」的燦麗圓美的金像。這過去的「像」活在他們記憶中，永遠保持無上魔力和權威。更深一層說，他們此刻所崇奉的，既不是像，也不是眞理，而是他們自己「過去」那段難忘的輝煌的崇拜情感。他們在演納蕤思的傻戲，把自我的情感裝金，且加上神聖光輪，而又藉那外在的偶像來做附著的形式，從而不斷俯身膜拜。然而，先知的眼睛異常尖銳，苛刻，他們一發現金像的變化，便立刻大聲喊：「偶像背後的聖光沒有了。偶像的金粉沒有了，偶像的金粉是假的。……」但人們不會相信，也不肯相信。相信了先知，不僅是宣佈偶像死刑，也宣佈了他們好不容易多年鞏固起來的自我虔篤感情的死刑，也就是自己精神的死刑，後者更遠比前者要可怕千百倍。（信仰者從未眞正關心過信仰的對象，他們所關心的，只是「自己」的信仰情感。）於是，他們使群起毆殺這白晝呼喊者，這竅魂危險的宣佈者，不讓這些可怕理音從可怕的嘴裡噴出來。但他們忘記了：當眼前這尊金像被捧出來時，那少數最初捧獻者，也被他們詛咒、撲殺過。撲殺了捧獻者以後，不久，他們便跪在這被殺者所呈獻的金像的腳下。這其實也是歷史照例的循環悲劇，先知們在世時永遠是梟鳥，每個人都爲牠準備一堆石頭，死後卻又被寵爲夜鶯，每一座大門敞開來，敲著鑼鼓把它的屍骸抬進去，裝飾自己後花園。先知們的悲劇，其實也是人類本身的悲劇，即使單純一個人，在自己精神裡發現了錯誤公式，且又另看到一片新曙光，他還要狃於積習，經過極慢的掙扎，才能緩緩改絃易轍。更何況是一部歷史？一個時代？一個歷史時代建築一種習慣，需要一百年，毀滅它，至少也需要一百年。

可是，在目前這一時代，從當代潮流中所湧起的那尊龐大金像，已有少數人指畫出它身上的毒瘡、惡瘤、和瘢疤，以及金身內層的敗絮與污泥，但沒有一個正直人敢大聲喊出來。（嗡嗡喊著的，只是統治者身邊的一些蒼蠅，它們喊，只爲了滿足自己的逐臭和食慾。）原因是：這究竟是一尊較新的金像，比較起統治者所供奉的那一尊，究竟光鮮喬麗得多。假如這一金像還有六七成新，統治者的那一尊連二成新都沒有。這時候，如果先驅者雕塑一尊全新的金像，必遭兩者夾攻。統治者斥它爲反叛者，原來反叛者斥它爲更大的反叛者，因而也就是統治者的幫兇或幫閒了。這是時代的悲劇。追求眞理者，站在一個乖謬的時代，毫無能爲力。一個時代，常只容許兩種力量存在，第三種如存在，或者尠小不受人注意，或者被逼參加兩方的任一方，或者被兩方聯合絞殺。近代一些偉大的自由靈魂，在這種畸形的歷史背景下，只有走最末一條路：沉默和隱遁。但終於又耐不住沉默和隱遁中的暮色，於是只得又投降那較新的金像腳下，爲無可奈何的靈魂安排一種無可奈何的寄托。敢像默罕穆德花卅年在阿拉伯沙漠上孤獨找求「可蘭」，又花廿年在千刀萬劍迫害下孤獨執劍宣布「可蘭」的，幾乎沒有一個。

對於這一切，印蒂部分瞭解，又部分不瞭解。他只知道，自己的靈魂，現在絕非倒退，而是更向前的邁進。他不知道前面會有些什麼花樹風景，也還不能瞥見更新的路，以及它的圓全性。一方面，他已看出故道不通，一方面，卻又不能立刻發現新程，這正是他最大的痛苦。但較之同代若干純潔靈魂，他究竟大膽多了。這種大膽，不在他能斷然拋棄過去，而在他能不顧一切，堅持繼續追求，挺起肩膀，準備擔當更大的孤寂與冷漠。

生命本是一種最高的連續追求，以及無限永恆的開展。大追求者是大火者，也是大冷者，大孤獨者，唯其這種精神山岳的非人忍受的大寒大冷，許多人才安於故道，不敢向上攀登。靈魂墮落的一種，便是思想的懦怯。他們永遠不敢爬到思想高峰頂去瞭望，不敢深入海底層去探險。他們思想時，永遠要聽到許多人的呼聲與掌聲。沒有掌聲與共鳴的精神領域，他們害怕。這個時代本是一個黑夜，到處都是魑魅，任何人已習慣互牽著集團和黨派的繩子，慢慢趕黑路，沒有一個敢獨自往前闖。他們不是怕闖，而是害怕靈魂的絕對自由。靈魂的絕對自由是一種大享受，也是大苦刑，在達到最後的享受堂奧之前，必須通過一重又一重的苦刑門。他們害怕這種苦刑，寧願用一具錯誤的枷把靈魂的自由翅膀套上，卻又一口咬定，這枷就是眞理。他們忘記，從他們害怕靈魂的絕對自由天空的那一刹起，靈魂早已半死了，眞理也早已半死了。

二

他又來到江流面前。他又穿過長長浮橋，走上那艘黃色躉船。他又踏上那條船舷，坐在欄杆邊，眺望洶洶轟馳的奔流。這是一個陰晴不定的下午，從轘裂的烏曇雲層，漏瀉一族簇金紫陽光。但大氣流內卻軋動著晦暗的霧氛，江面也籠網了一叢叢黑氣。在明暗交流中，大江盤顯出複雜的光影。江水轟轟吼吼騁流著，靠東盡頭處，特別閃亮，彷彿徵兆光明在東方。幾條軍艦，深灰的、暗綠的，昂泊江心。太陽旗迎風輪搧；少數舴艋船，像一些黑色浮片，順水而飄；一些商輪參差羅列江濱，船身發出各式色彩，杏紅、淡黃、霽褐、墨黑、粉白、深綠。江對岸隱隱出現青色軻峨山脈，一縷縷黑黔黔的煙霧，以及多稜刺的車站騷音。在軳奔中，江面整體依然有一片單調，粗糙形象裡閃灼輕鬆的流動，波漩圈的無數輪環中，編織著溫柔的弧線。印蒂斜欹船壁，瞭望江水，特別是那發光的東方盡頭處。他深湛的睇視著，沉思而凝靜，像古代印度森林內哲學家。這時，猶如水面小漩渦，千百思想在他腦際打旋，迴轉。這些洞透性的明亮小漩流，似黑暗洞窟裡的燭光，替他照明許多幻景。他兀坐著，遠瞰滔滔江水的東方天際，從身上掏出一本黑色小手册，讓一支鋼筆在上面馳騁不停。他寫著寫著，幾粒眼淚圓圓滴下來，濺濕那些藍色字跡。

這是一些由痛苦凝成的海邊貝殼。

布爾希維克爲了一個「大是非」，（照他們說法，）而忽略許多小是非。爲了完成一個大理想的是，而放棄許多小的是。爲了有利於群體理想，而不問個人的一般是非。但站在眞理面前，沒有群體和個人的分別。「一加一等於二」，個人如此說，群衆也得如此說。假如群衆和人民說「一加一等於三」，不管是哪一個眇小的個人，都有權向群衆抗議，並指出他們的錯誤，也不能因爲個人這種糾正，而斥他是「反人民」、「反群衆」。站在眞理面前，群衆與個人是平等的。同樣，是就是是，非就是非，沒有「大」與「小」的分別。水是氫二氧一化成的，這裡面，沒有「大」是與「小」是之分。

假如要塑造一張上帝的偉大面孔，不得不用卑鄙的魔鬼做教材，這個上帝即使塑成了，也依然是一個魔鬼。

我們所詛咒的右派反動分子的卑劣罪行，不能因爲左派犯了，便可特別寬恕。在一個右派反動分子家裏，煮三碗飯需要一碗米，在左派分子家裏，煮三碗飯也得一碗米。一個右派反動分子患瘧疾，必須吃奎寧；一個左派分子患瘧疾，也得吃奎寧。這種最簡單的常識，許多「前進」專家都忘記了。

眞理是相對的，但基本道德卻是絕對的。在古代文明社會裏，吃人肉是罪惡。在近代、現代，也依然如此。即使若干道德原則有若干程度上的變異，但其永久性的濃度比哲學強，更比政治強。許多「鬥爭」專家們斥責社會黑暗時，盡可能利用各種道德教條，但當他們自己中間發生黑暗時，卻又以爲毫不受任何人間道德約束，好像是從另一顆星球上跑下來的超道德動物。

一百四十年前，資本主義的絕對自由貿易是上帝，但今天，已有人迹近視爲魔鬼。這種悲劇，任何其他政治思想也免不了。我們不要忘記：距馬恩當年的「共產黨宣言」，現在已經八十年了。八十年，一個中壽的人會死兩次。一種政治思想的壽命，不會比中壽人大兩倍以上。

激進的革命，（特別由法國大革命所得的教訓，）往往在理想的糖衣中潛藏市儈現實的毒藥。革命的目的只有一個：勝利。在革命初期，甚至中期，這種勝利的對象是人民，同時，理想的糖味也特別濃。但在革命末期，糖衣卻沖淡了，露出市儈現實的毒藥，勝利的對象，也由人民移到少數領袖甚至個人。但他們卻還扛著群衆的招牌。他們一面賣毒藥，一面卻又斥責反對者的理論爲毒素理論。基於此，我們必須明白自然眞理：革命也像一個人，青年時激烈、純潔、而正義，中年則彷徨、踟躕、妥協，老年卻頑固、保守、反動。同樣，革命也是一種菓實，它從開花到結菓，由青澀到紅熟，又從紅熟到腐爛，這一切是自然的。只有在夢裏生活的年輕人，才天眞的以爲革命是佛教西天瑤池的樹木和人，可以四季常青，長生不老。明白這一點，就可以瞭解：爲什麼最進步的革命，常常會變得最反動，而不致在夜裏流淚了。

我的思想如魚網，不斷撒入世界各種色相。每一次舉網，總會有許多魚蝦貝殼撈起來。這是因爲我的魚網健全，技術健全。至於魚蝦貝殼，只要是海，總不會缺少。但我的網如能在海中沉得越深，或者潛入最深最深的海灣，那麼，我的收穫自然也就越多。飄浮海面上的網，甚至還沒挨到海水的網，自然不會撈到眞理的魚蝦貝殼。

我們活了一輩子，看了一輩子，說了一輩子，其實根本就沒有明白過我們所看所說的一切。有許多最簡單的字眼，我們曾說過一千遍、一萬遍，但從未明白過它們的眞諦。原因是，我們從沒有極度誠懇的好好想過，苦苦想過。因此，我們必須深深思想，否則，一些事物與名詞，儘管我們使用過千萬次，對我們也依然陌生。我們只碰觸它們表皮層，沒有透貫核心。最好的例子，是「革命」這個名詞。幾千年來，它所造成的屍首，幾乎可以塡滿一條大河，但這些屍首的主人，可有幾個眞正刺穿「革命」的謎底？

法國大革命的末期恐怖，告訴人一件事：純粹放縱盲目情感，大地會變成什麼樣子。雅各賓專政與斷頭臺日夜喝血，（又大多是無辜的誠實窮人的血，）是個人野心和放縱到極度的盲目感情的結晶。

個人領袖野心，會穿著最華麗最漂亮的「人民」衣服，反轉身子向「人民」要一個東西：「血！」

政治「英雄」們的勝利高臺，（所謂政治地位，）每一寸都是「人民」白骨砌成的。

在現實政治中，（特別是在中國，）老百姓一直是政治家們的皮球，由他們隨意踢來踢去。善良的百姓們，你們即使不能拿刀子宰了這些「政治家」，還不該對這些爲「政治目的」和「責任」而作足球戲的豺狼們，作最深的詛咒？爲什麼你們當中，有的快給踢扁了，踢得稀爛了，還躺在地上，渾身鮮血淋漓的向這些踢足球戲的屠戶們高唱讚美歌：『啊，偉大的領袖！……偉大的同志！……』

最崇高最神聖的正義感是剎那的，也只能是剎那的。也只有在這種剎那，你才能整個心身沉浸在裡面，你的所有神態和動作會配合這種偉大感覺。你流淚，但不知道自己流淚。你憤怒，但不知道自己憤怒。你聖潔，但你不知道自己聖潔。過了這偉大剎那，你依舊是平凡人，你得喝水、吃飯、睡覺、拉屎、應酬、平凡的工作。因此，人被大自然規定了，必須做平凡人，而眞實的最崇高最神聖的正義感，只是平凡生活中的一點電光。然而，許多革命家，卻自封爲「正義」專家與「人民」專家。彷彿王二麻子的剪刀店，只此一家，別無分號。他們滿嘴正義，滿篇「人民」，彷彿吃的是「正義」「人民」，睡的是「正義」「人民」，枕的是「正義」「人民」，穿的是「正義」「人民」。每分每秒都是「正義」和「人民」的化身。這樣緊張下去，我眞怕他們會神經分裂，被送入瘋人院。自封或御封爲「正義」專家和「人民」專家者，大多是「正義」和「人民」的暗暗謀殺者。

像寫春聯似地，許多革命家在臉上描了兩行金字，左邊是：「我是來拯救你們的！」右邊是：「我是來解放你們的！」他們走到人民中間，把這兩行金字指給人民看，並且硬要人民鼓掌，且簽字承認這「既成的事實」。革命家滿嘴喊著要打倒秦始皇式的專制暴君，但他們首先卻須打倒自己靈魂裡的暴君。當他們在臉上描這兩行金字時，當他們自命爲「人民救主」時，暴君的血液就已經流入他們的血管了。

馬克思是偉大的，最低限度，他是到「明天」路上的先驅者之一。但他卻被他的東方門徒們供作教主了。在東方，他好像是代表上帝出現的；他的一言一語，都是上帝的聲音，不能增一字，不許減一字。這個責任，馬克思是不能負的。這是他的東方門徒的罪過。

大自然本來容納萬物，沒有壁壘。但現實政治卻便把人間劃成若干壁壘，用仇恨與猜忌隔絕一切。正因爲人們被隔絕了，少數政治野心家才好操縱他們，利用他們。假如人們本像兄弟一樣了解與相愛時，戰場上兩邊軍隊就絕對不會面對面放鎗了。

我所追求的是生命的美麗、生命的愛、生命的智慧、生命的信仰，但在現實政治中，只有醜惡、仇恨、愚蠢、猜疑。十年來我所走的路，與我當初出發時的理想。恰好背道而馳。我自己一直在醜惡、猜疑、愚蠢與仇恨中打滾，卻自欺自騙，以爲摘到生命的紅熟菓實。

「爲達到目的，不擇任何手段。」當行動家們嚥下最後一口氣時，所留下的寶貴遺產只是一大串卑劣的手段，那聖潔的目的卻隨他進棺材了。「爲達到目的，不擇任何手段。」這黑筆寫在白紙上的短短十一個字，不能償還千萬人的冤枉血債。

千言萬語一句話：現實政治（特別是中國現實政治，）只是一片污水缸，任何潔白身子跳進去，出來時，也是一身髒和一身臭。污水缸內絕不會有生命和理想，這裡面只有兩樣貨物：欺騙與無恥。誰如果嫌自己不會撒謊、不會無恥，儘可以跳入現實政治染缸中染一次色。假如從污水缸裡出來的，也有所謂「偉大人物」，那意思只是說：他們的撒謊與無恥比較多少有點尺寸，多少還想近點人情而已。

三

印蒂自生病後，一個多月沒有上街蹓撻了。一天下午，他覺得異常寂寞，渴望聽聽鬧市的人聲波濤。他拄了根手杖，獨自到繁華的T街閒蹓許久。經過幾爿書店，他進去盤桓一陣子，買了些書，直至近黃昏時分，才挾著一包書回來。道經E街，由一家飯店門口過，偶向門內投擲一瞥，忽然發現一張熟悉面孔。他定睛細望，立刻認出是楊易：後者正細斟慢酌，獨自飲酒。他吃了一驚，連忙走進去。楊易怔怔看了一下，也認出是他，登時從座子上站起來，向他招呼。

「你怎麼在這裡？」印蒂詫異的問：「不是說你到北平去了麼？」

楊易輕輕拍拍他的肩膀：

「說來話長，我們換一個單房間細細談。我也正在打聽你的行蹤。」

楊易立刻吩咐茶房騰座位，換一個單房間，是靠後進貼頂裡面的一間，甚是幽靜。他又添了一斤花雕酒，叫了兩色菜。一切安排停當，他陪印蒂喝了一杯酒，沉穩而關懷的問道：

「你幾時到這兒來的？」

印蒂望了望他，愕然道：「我家一向就住在這裡，你忘記了？」停了停，幽幽道：「我的事情，你沒有聽說？」

楊易啜了口酒，揀了一筷子紅燒劃水，放在嘴裡，嚼了一會，慢慢道：「我風聞一點。……詳細情形不明白。……你能不能說說？」

印蒂帶著習慣的警戒，對四面張望一下，低低道：

「在這裡談，有點不方便吧？」

楊易站起來，到外面巡視一周，回來低低道：

「不要緊，隔壁三個房間全空著，一個人沒有，現在還不到正式晚飯時候，沒有上座，我們可以低低談一會。」

印蒂微微傷感的喝了口酒，嘆了口氣道：

「這件事，在我個人，已成爲歷史性的回憶了。我眞不想重提舊事，提起來，非常不舒服，好像把鼻子伸到石灰缸裡。」沉思一下：「不過，我們是老朋友，我可以簡單說說，——事情經過，本來也很簡單。……」

於是，印蒂一面喝酒，吃菜，一面閒談，且吃且敘，略述出獄後和左貫絕裂經過，至於被捕後的一年多獄中詳細生活，卻絕口不提。

聽完了，楊易點點頭，接著，若有所思，問了一句：

「那麼，你現在幹些什麼呢？」

印蒂悵然道：「我病了一個月，最近才好，今天是頭一次上街。」聲調有點苦味。「目前我什麼也不想幹。我非常疲倦，……嗯，非常疲倦。……我想休息一個時候。……這幾年，也總算吃了一點苦。」

楊易覷了覷他蒼白清瘦的臉孔，惋惜的道：

「你瘦多了。剛才要不是你先招呼我，我眞不敢招呼你。」頓了頓，諷刺的苦笑道：

「你知道麼？現在不少同志都傳說你做了官，發了財。」

印蒂仰起頭，激動的喝乾半杯酒，滲透酸味似地，慢慢苦笑道：

「那大約又是賈強山項若虛之流的友誼傳播吧！——這種傳播，我是很感謝的。」說完了，他又苦笑起來：

沉思了一會，印蒂突然想起一件事，帶著濃厚感情，微微急促的問道：

「楊，我們是老朋友，老同志，你對我這回事作何感想？你一向研究哲學，在同志中，你最冷靜，也很了解我。我願意聽聽你的指教。」眼睛裡閃著紅焰：「我的青春，算被他們毀了。過去十年等於一場黃粱夢，再不值一提。可是，我現在總算是圈外人了，毀譽得失對我只是一堆狗屎。——我願意聽聽一個老同志老朋友的誠懇意見。」

楊易聽了，一聲不響，只是飲酒。他的酒量本不小，今天酒興特別好。聽完印蒂故事，他似乎有點激動，不斷大口大口飲酒。他那副白淨面孔，不管喝多少，也不露酡紅色。正相反，喝得越多，越發白。這張秀雅臉孔，過去曾被印蒂取笑過，說是花旦型的漂亮臉譜，一向容光煥發，現在似乎蒙了層晦色，現得有點陰沉。這陰沉，眼睛裡流露得最顯著，兩顆眼珠子彷彿兩團厚霧，帶著一種發黴的憂思的矇矓。他的頭髮一向梳得整整齊齊，此刻也微微蓬亂。他整個神情，好像經鐵鉗子鉗過，擰扭過，起了點變化。這變化，印蒂最初一直沒有看出，這一會，從他默默喝酒凝思中察覺了。是的，楊易面孔確實有了些變化。印蒂愈端詳，愈由那些晦暗臉紋中，掘出一些他起初沒有感到的情緒。這並不是面前幾杯酒迅速加給他的，卻已有若干時間鑽進他心靈內層了。他一口口喝酒，默不作聲，深深埋伏于他內部的那份怪異情緒，分外凸出來，加強了印蒂的印象。楊易接連喝了兩杯酒，才放下杯子，陰沉的道：

「我發生的事，你一點不知道？」

印蒂慌忙問：「你發生什麼事？我一點不知道。出獄後，從一個朋友口裡，聽說你到北邊去了。不過，他的話很含糊，我也沒有細問。後來，遇見左獅，同他打聽你們幾位朋友的消息，他嘴巴像上了鎖，哼也不哼一聲，……」楞了楞，微微焦慮的道：「怎麼，你也出了事？」

楊易冷笑道：「哼，賈強山這傢伙，自以爲很能幹。他的眞嘴臉我已領教過了。左獅偏聽他的一面之詞，哪裡會相信你，向你說眞話？」停了停，轉過口氣，冷笑道：「到北邊去，那是我故意放出來的空氣。」嘆了口氣，陰沉的道：「假如你知道我所發生的事，你就容易明白我對你的感想了。」

楊易滔滔不絕，敘述詳情。他說，理想主義與現實主義的鬥爭，堅持原則與追求絕對功利的鬥爭，一直存於黨內。過去，由於印蒂精明強幹，手腕靈活，一直壓制賈強山他們的純現實主義，唯功利觀點，黨才較多堅持原則，染上較濃厚的理想色彩。印蒂被捕後，黨不斷受打擊、遭摧殘，領導者漸漸放棄大的遠景與原則，處處貪圖現實功利的小便宜，再加上賈強山野心勃勃，一心想當小領袖，暗中操縱，於是，楊易他們堅持原則的一些人，便不斷受嚴厲批判。這一切算是「清算右傾機會主義」。主要爭執，是在今年夏季。黨認爲在S埠的工作遭遇困難，環境太風平浪靜，革命推進旣緩慢，又不大容易，於是決定製造一些嚴重事件，刺激社會，造成緊張的形勢。計劃謀殺一兩位同情革命運動的二三流社會名流，(第一流，還得利用他們，)一方面嫁禍統治者，激起文化界和青年們對當局的憤怒，一方面乘機可以展開工作。這個恐怖計劃，指示由楊易主持執行。他立刻堅決反對，認爲這有背革命道德和原則。經過好幾次爭執，在賈強山策劃下，黨調動他的工作，要他作自我檢討。他拒絕了。經過不斷激烈爭論，黨以「鐵的紀律」爲藉口，終於決定開除他。

「虧得支部也有傾向我同情我的人。賈強山、項若虛他們背著我，作此決定後，就有人先向我通風報信。一得到消息，我立刻離開S埠。我知道，緊接著我可能會發生什麼事！我放了個空氣，說到北邊去了，卻來這裡鄉間一個親戚家避了兩個月。果然，我一離開S埠，他們就派人到處找我。……我相信，姓楊的絕不會這麼下賤，要靠朋友的血來做生意，圖報復。可是，這個道理，和他們說不明白。我只有躲起來。」說到這裡，楊易臉色很沉痛。

「你爲什麼一定要躲他們？」印蒂問。

「這還用我解釋？你也是過來人，還不明白我們裡面這一套？」

「怎麼？他們當眞要幹掉你？或者把你透露給國民黨特務？」印蒂驚訝的問。

楊易沉吟一下：「兩者都有可能。」摩挲著酒杯：「不過，經過這兩個月我的隱居，他們不至於了。因爲，姓楊的究竟是什麼人，他們再愚蠢些，現在也應該嗅出來了。」

楊易喝了一杯酒，嘆了口氣，深沉的道：

「從這件事，我更深一層發覺：黨把人與人之間的關係，毒化到什麼程度！這一切全像一場噩夢。短視的絕對現實主義，功利主義，和「只顧目的，不擇手段」這一策略的高度運用，已毒化了人性。這種主義和策略無限制施用後，或早或遲，不僅會毀滅人群，也會毀滅黨自己。這種事，要不是我親自參與，僅是聽別人談，我準以爲是夢囈。不過，按照「只顧目的，不擇手段」這一策略的運用說，它產生這種事，也不足爲奇。玩弄絕對現實政治、絕對唯利是圖的人，跟妓女一樣，什麼事都做得出。不同的是：妓女出賣自己肉體，他們出賣自己原則、靈魂、和道德。老實說，謀殺幾個人，原也不算什麼，但這不僅是幾個人的問題，這是馬克思主義的原則問題，人類永久道德的問題。

「我和賈強山的衝突，可以說很多。舉一個例，像在S公司五樓對繁華的N路投炸彈問題，我是不贊成的。但他們認爲必要，藉此可以刺激社會，造成社會恐怖。可是，路上也有窮苦的工人和苦力在走路，爲什麼要把他們自白犧牲呢？一般人民不會想得這樣曲折，以爲這是社會革命的信號，他們只看見一個最簡單的事實：無辜平民被炸死了。

這種盲動政策，除了發洩情感，有什麼大效果呢？但他們卻批判我，說我右傾。」

楊易苦笑著，搖搖頭：「算了，這些舊帳不必算了，我們談點純粹理論問題吧！這兩個月在鄉下，我每天看書，都在思考一些理論問題，思考的結果，我認爲自己實在很淺薄，還得多用功讀書。至少，得進一步攻讀馬恩的書。」

談到這裡，楊易又招呼茶房加半斤酒，添兩樣菜。他似乎頗興奮。許久以來，沒有能一傾積愫，難得遇見印蒂，兩人遭遇又相仿，更覺得有千言萬語要從胸中湧出，對老朋友一吐。

酒和菜都上來了。兩人乾了一杯，互祝精神解放。接著，楊易一隻微紅眼睛迷茫的睇視白色牆壁，帶著無限隱憂，低沉而陰鬱的道：

「一幕新的雅各賓歷史劇，已吹了哨子，紅色的幕布正在慢慢揭開，這結果，只能招來一個新的「熱月反動」❶，以及「熱月反動」的勝利，這個「熱月反動」的到來，也許不是今天和明天，也許不是今年與明年，也許不是這十年廿年，但只要雅各賓的鑼鼓聲一天天高，它的到來是命定的，它的勝利也是命定的。在革命陣營裡，只要雅各賓獅子一出現，後面一定緊跟著「熱月反動」的狼。而中國這隻狼在面貌上，一定會以極左姿態出現，非毀滅千千萬萬人不可。革命想藉這獅子貪揀一點便宜，結果卻被狼咬死。即使肉體不咬死，靈魂卻被咬死了。歷史不會冤枉人的。」

印蒂道：「你這是預言。對於那些慣用腳板底思想的人，它似乎是一個極遼遠的幻景。」

「是的，這是預言，可是，在我這一生還能呼吸的日子裡，我想我還來得及親見這一預言受歷史審判的結果。你等著瞧吧！我所說的那隻狼，遲早總會宣佈革命的「靈魂死刑！」」

❶法國大革命中的左派雅各賓專政，到羅伯斯比爾時代，達最高峰。在羅氏左傾獨裁下，實行恐怖政策，二千七百五十人被送上斷頭台，大部份是窮人和無辜。一千七百九十四年七月，所有國約議會的右派聯合一致，反對羅氏左傾恐怖獨裁。七月廿七日，羅氏被捕，不久處死。左派雅各賓的力量，被完全撲滅。此即所謂「熱月反動」，「熱月」指七月。

印蒂道：「你所提出的，是一個歷史問題。這一問題，我近來在病中病後也常想到。我覺得，這還不只是一個歷史問題、政治問題、而且也是一個文化問題。我們現在所碰到的困難，正是古代希臘人和希伯來人所遭遇的困難。這是希臘文化與希伯來文化的一種鬥爭。前者重理性，後者重宗教情感，前者重自由，後者重平等。前者產生了希臘哲學與個人主義，後者創造了基督教。我們一向走希伯來路線，目前，領導層卻一天天染上希臘顏色，卻又不是眞正希臘風格，只是藉冷酷理智追求現實功利，而忘了理想，同志們大部分都還是走老路，這就是我們和他們衝突的原因了。」

楊易沉思了一下，輕輕道：

「這也不盡然。在基督教裡，也含有偉大的理性與自由。中世紀基智教徒對異端的殘酷迫害，那只是一些神父和主教講究現實功利主義的愚蠢表現，同樣也表現了他們「只顧目的，不擇手段」的殘忍策略。基督教的原意，只是給人加自由，不是減自由。……」

停了停，沉思道：「毛病正在這裡。我們的革命，在政治上是個政治革命，在文化上其實是個宗教革命。純粹政治主張或政見，只能解決一時的社會問題，不能解決人類的永久信仰。能給人永久信仰的，只有宗教。我們黨的出發點，是建立一個永久新信仰，以代替舊世界信仰，一方面又想解決目前的社會問題。它的理想是極度宗教式的，手段卻又是極度政治式的。前者希望人一塵不染，聖潔如天使，後者卻叫人在糞坑裡滾，滿身糞臭；這兩者必然發生衝突。一腳踏不了兩座橋，顧得這個，就顧不得那個。你說黨缺少眞正希臘味，其實更缺少的，卻是道地希伯來味。要不，你我都不會受殘酷打擊了。」

印蒂喝了口酒，微微笑道：

「你的話很對，希伯來眞精神，是締造人與人之間的普遍互信、互尊、互愛。但我們的黨卻建立人與人之間的普遍懷疑、猜忌、和怨恨。不過，這也只是一部分說法。在根柢上，還是埋伏著我所說約兩大文化的衝突。比如說，他們主張只有黨性，沒有個性，或大大貶低個性，希伯來文化是重視群性群體利益的，希臘文化卻重視個人自由。」

「那麼，你對黨性和個性問題，是什麼看法呢？」

「這還不是一種政治手段，爲了好加強控制黨員？黨本身是什麼呢？黨性是什麼呢？黨性是從沙漠中產生的？還是從若干「個人」產生的？黨的下級幹部今天接到中央一個指示，明天接到中央一個指示，左一個命令，右一個指示，這些指示都是全體黨員的意見嗎？它們經過全體黨員投票贊同嗎？它們都能符合全體黨員的要求嗎？只有天知道！這種從上到下的作風，和軍隊有什麼分別？黨性，說厚道點，是滲透少數領袖個性的表現，說嚴苛些，是少數領袖個性的表現，說刻毒些，只是把二千五百年前「挾天子以令諸侯」的老把戲又搬演一番。『黨性』在少數領袖嘴裡，變成基督徒天主教嘴裡的上帝，他們先用自己的筆與嘴給黨性給上帝描繪顏色，再叫多數人喊「烏拉」和「阿們」。「黨性」和上帝，反正是『上窮碧落下黃泉，兩處茫茫皆不見』的啞巴，它們自己也不會跳出來辯護。退一萬步，拿事實說，我們能否認伊理奇、大衛多維契、約瑟夫，幾個領袖對蘇聯革命的影響嗎？那些高喊消滅個性的人，似乎在喊消滅空氣。但空氣是消滅不了的。至少，到今天止，還沒有絕對的眞空。並且，把空氣抽出來，也不能算是消滅。」

「你這是談哲學了。」楊易笑起來：「他們今天所需要的，只是能接受『一、二、一』口令的士兵。」

「可是，一個偉大行動，沒有一個眞正正確的理論領導，徒然自白拿人民性命開玩笑而已。這種玩笑，在歷史上、不只是出現過一次。但今天中國老百姓，再經不起這種玩笑了。領導者們事先不肯用頭腦思想，而用腳板底思想，等到無辜人民死了成千成萬，然後再修改理論的一枝一節，這種作風，並不是革命者的作風，只是秦始皇野蠻主義的復活。」

說到這裡。印蒂停下來。憩了一會，他終於解嘲式的道：「這些都是喪氣話，不說也罷。歸根結柢，這一切全沒有什麼可說的。死了這麼多、捕了這麼多、苦了這麼多、霉了這麼多，結果只是一場離奇的騙局。我們簡直是活糟蹋別人，活糟蹋自己，活糟蹋信仰，活糟蹋理想！……」他舉起杯子，一口氣憤憤喝乾一杯酒，接著，紅著眼圈，關懷的問道：

「你今後有什麼計劃？」

楊易憂鬱的望望他，低沉的道：「什麼計劃？除了認錯、改錯，我再沒有別的計劃。爲了認錯，今後我再不摸政治這扇門。爲了改錯，我決定到國外多讀幾本書，特別是關於卡爾和恩格斯這一派的書。看究竟是賈強山他們錯，還是我錯。再說，革命過程已經發生了不少問題，很耐人尋思。所以如此，馬思列本身的思想體系可能也要負些責任。我必須花點時間，進一步研究這些大人物的理論。」頓了頓，帶著沉思意味：「我決定到德國去，打算研究哲學。可能的話，想進柏林大學。這一次，我到此地來，就爲了辦護照，這非常麻煩。好在有人幫忙，大約沒有問題。」望了望印蒂。「你計劃怎樣呢？」

印蒂默默望著酒杯，好一晌，沒有開口；最後，終於陰鬱的道：

「沒有計劃。我只感到厭倦。對一切厭倦。而『活著』本身就是一個最大的疲倦。」眼睛迷茫的映著。「生命只是碎冰流裡一些浮塊，能抓住一塊，就是一塊，此外什麼都不想。」突然轉過話頭。「幾個老同志都有消息麼？范惟實怎樣了？」

「惟實早被捕了，你不知道麼？」

印蒂詫異的張大眼睛。「怎麼，老范也被捕了？」

「這是今年春天的事。」

印蒂嘆了口氣，好一會不開口。

楊易旋即又道：「鄭天遐最近在這裡，你知道麼？」

印蒂搖搖頭。「我不知道。」

「你想不想見見他？」

「他願意見我麼？」

「天遐一向對你抱好感。他不會不見你的。」

由於一種偶然機緣，楊易知道鄭天遐的間接通訊處，便告訴印蒂，要他去接洽。「這個通訊處，是另外一個至好朋友最近告訴我的。他希望我能去找天遐，談談我的事。通過他，我可以和黨取得新的諒解。但我卻懶得這樣做了。做也做不好。你可以看看他，和他談談，看他有些什麼理論、見解，特別是對你這回事。」

印蒂點點頭。「我很願意看看他。」

四

印蒂與楊易分手後，經過一番接洽，第五天晚上，終於造訪鄭天遐。分離一年多。他渴欲一見這位老友；更主要的是：他內心有許多鬱結，必須向後者吐露。他希望，按他們過去友誼，以及鄭一貫的學者態度，後者會或多或少同情他的際遇。

剛踏入鄭天遐的秘密約會處，一個狹小亭子間，今印蒂驚奇的是：他發現一張有點不安而怫怒的臉。在過去數年印象中，這位大學教授，一直態度溫和，對人謙恭。即使他最憤懣時，除了聲調激動外，往往也不很形諸於色。可是，今晚，在黯淡燈光下，他看見印蒂時，那圓圓黑玳瑁大眼鏡後面的一雙善良眼睛，卻第一次籠罩一層神秘而複雜的情緒，略略憤意中、揉滲著懷疑與冷淡。站在印蒂面前的，不再是一個彌勒型的胖胖大大的書生，幾乎是一頭抑制著不少黑暗情緒的老獸。中年的過度蒼老，格外壓低了他陰鬱的調子，但他那飽經憂患的臉上，卻分明刻畫一些與往常不同的異常線條。這一切，正面說明了他自己，反面也詮釋了他和來客內在情誼的深度。印蒂看出這些、知道這些，卻故意無視它們。

印蒂筆直走過去，抓住主人的手，熱烈握著。

寒喧不到幾句，一陣沉默突然襲來。兩人彷彿都栽到一片沼澤中，在掙扎、爬動。無庸印蒂淡描，對方早明白一切原委。但正因爲明白，他這才掙扎得更厲害。經過一番辛苦掙扎，他終於用那雙表情複雜的眸子，又熱又冷的深深凝視了印蒂一會，帶著無限的感慨意味，慢慢道：

「我想不到——你竟會這樣。」

印蒂凝重的問道：

「『這樣』什麼？」

鄭天遐的魁梧身子一動也不動，一個字一個字斬釘截鐵的道：「這樣怯懦！」

印蒂抬起頭，對他那副眼鏡望了一會，終於傲慢而沉重的道：「你以爲我怯懦麼？」

「是的，你怯懦！臨當一個巨大考驗，你退後了。」

印蒂聲調變得更傲慢而冷靜了。「假如我認爲這是一極最高的勇敢，百分之百的勇敢，你該作何感想呢？」

雙方沉默了一下，一場激辯旋即開始。鄭天遐像一個法官，開始抨擊他，印蒂也不甘認錯，兇厲還擊。兩人爭論了許多問題。從一個問題到另一個問題，像溜冰似的，不知不覺。他們很少能仔細突擊每一問題的各個層面，只是揀於自己有利之點，加以重複運用。激辯好一會，在一場難解難分的情形中，鄭天遐終於放棄瑣碎枝葉，抓住一條主要幹脈，激烈而簡明的責問對方。他自己幾乎不再提出什麼詳細理論，專只諦聽對方的論斷。於是，產生下面對話：

「那麼，這許多年來，在這些活著的日子裡，你掙扎，你奮鬥，你努力，你追求——你究竟要求什麼呢？」鄭天遐激烈的問。

「我所要求的是圓全，生命的圓全。十年來、我流浪、流汗、流血、奔波、坐牢、受苦、在死亡邊緣上打滾，都爲了這片圓全。現在，我發覺這圓全沒有了，我所得到的只是破裂。破裂不能鼓勵我再流汗、流血、受苦。」印蒂激烈的說。

「生命本不是圓全，而是破裂。你所要求的本不可能。你永不能抓住圓全。你手上所捏的永遠是破袋。」鄭天遐嘲笑的說。

「正因爲現實生命不圓全，我們才要求一種圓全。正因爲人間破裂，我們才要求一種不破裂。大自然不會從天上給我們送來圓全，社會也不會從地底給我們捧出圓全。這圓全必須靠人爭取，靠人追求，靠人創造。創造的第一隻菓子，就是一個圓全的理想。現實可以破裂，但理想必須圓全。假如理想他只是一塊破銅爛鐵，一塊四分五裂的冷豬肉，這就不再值得我們叩頭作揖了。」印蒂熱烈的大聲說。

「你從哪裡看出這種破裂？」

「我從革命陣營裡的醜惡手段看到破裂。革命本爲剷除醜惡，難道自己也大規模開辦『醜惡』工廠，日夜加工趕造大批『醜惡』？對於醜惡的敵人，用醜惡的手段，有時還不失爲一種策略；但對於並不醜惡的忠實同志，卻也施用同樣醜惡，而目的又不過爲了爭取偏見的勝利，和爭領導權，鞏固領導權，這卻是不可寬恕的罪惡。無限制無範圍施用醜惡的結果，原先『剷除醜惡』的革命目的永遠不會實現。污水洗不乾淨污水。醜惡剷除不了醜惡。人究竟活在人的社會裡，最低限度的幾種做人道德，總得遵守，要不然，這不是人的社會，是毫無理性的野獸社會。達爾文的生物進化史可以扔到垃圾堆裡了。」

「爲了目的，革命可以採取任何手段。革命的勝利，足夠賠償這些因醜惡手段而產生的大損失和大犧牲。」

「然而，目前我呼吸不到革命目的的聖潔芬芳，我所嗅到的，只是革命手段的臭味。這樣下去，我擔心領袖們會變成水滸傳上開黑店的孫二娘，掛著『目的』的酒旗子，賣著『手段』的人肉；用『正義』的可狄香水，灑在『卑劣』『醜惡』的臭鹹魚上；拿『人民』的錦繡綢子，包裹著『個人野心』的糞土。誰研究酒旗子、不吃人肉的，誰抹掉香水、對臭鹹魚皺眉的，誰打開錦鏽綢子，對糞土瞪眼的，都是反革命！」

「你的話越說越遠了。你不能因為一點個人恩怨悲歡，誇張其詞，把你目前的遭遇形容得這樣可怕。這是違背良知的。」

「這正是良知叫我這樣形容的。假如單純是我個人受損害，我絕不計較。但是，損害的絕不是我一個人，而是千千萬萬的『個人』。『個人』！『個人』！『個人』！這正是政治家們的慣技，拿『個人』這張王牌做唯一戰略，把群衆的冤屈各個擊破，進而支解群衆的痛苦。由於這一次我『個人』的痛苦，才深深想起許多事。黨派所產生的黑暗和殘酷，從前我都不相信，現在，我相信了。我現在的呼籲，並不單純是我個人的聲音，在我聲音後面，站著千千萬萬的『個人』，站著千千萬萬受苦刑被虐害的無辜者。」

「說了半天，關於政治和黨派，你究竟得到什麼結論呢？我願意聽聽你的結論。」

「我的結論很簡單。現實政治既是航髒的糞坑，任何黨派，凡能在現實政治上有立足地的，非站在糞坑中不可，也必然會染上齷齪和奇臭。立足得越牢固，也髒臭得越厲害。政黨在現實政治上的成功與醜惡成正比，成功因素越高，醜惡因素也越大，這種情形，在中國特別顯著。越是乾淨純潔的靈魂，在現實政治裡越沒有立足地，因為他們不願變成蛆蟲，在糞坑中翻滾，和別的蛆蟲們『鬥爭』，搶『公理』，搶『正義』。糞坑裡開不出花。花只能開在溪水邊。」

「你這個結論大有毛病。儘管現實政治腌臢獰醜，但黨派卻可以往正義方向走。正義和政治並非勢不兩立。」

「然而，現實黨派卻與正義勢不兩立。現實黨派必須以『利害第一』爲前提，利害和正義卻是一對死仇。在現實政治家眼裡，『正義』是『利害』的胭脂粉雪花膏，專爲了把『利害』新嫁娘打扮得漂漂亮亮。好出來見公婆的。但在『正義』的道德家眼中、寧可拋掉一座『利害』王國；也不願殺害一隻『正義』的無辜螞蟻。在這種情形下，希望現實政治往正義方向走，是希望老鼠往貓嘴裡跳。」

「那麼，照你看來，革命和政治應該具有什麼臉孔呢？」

「不搽胭脂，不打粉，不塗口紅，一張絕對聖潔的臉孔：素樸、單純、誠懇、公平，……。假如在革命陣營裡，在自己弟兄朋友同志中間，都充滿仇恨、猜忌、怨憤、陰險、殘酷、手段，而沒有一點眞情、眞愛、眞誠、眞潔，那麼，這個政治世界究竟要過幾萬年才有眞情眞愛眞誠眞潔呢？我與其懷疑同志而存，不如信賴同志而亡。我離開現實政治的糞坑，踏入革命聖門，原爲怕嗅醜惡，怕見黑暗，渴望一點光明潔淨。但十年來奮鬥的結果，發覺自己離開了一座糞坑，又踏入另一座糞坑，並且一直在糞坑裡打滾，弄得全身臭糞，但理性鼻子卻被盲從情緒的凜寒天氣冰凍，一直患重傷風，絲毫聞不出。甚至它被『固執』的幻覺所歪扭，反把大糞當做哥羅芳，直到把我自覺的靈魂麻痺死爲止。還好！我現在還剩下最後一點力氣，還能與這含毒的哥羅芳掙扎。」

「你這一切一切，全是幻想。幻想。書生的幻想。小資產階級傷感文人的幻想！你以爲你這種精緻幻想，經得起現實的批判麼？」

「夠了！夠了！十年來。我被『現實』『批判』得夠了！……夠受了！夠受了！……十年來，我一直接受『現實』『批判』，但我此刻的精神狀況並沒有改進一些，我獲得的依然是黑暗、空虛、分裂、醜惡、殘酷。從今天起，我索性背叛現實批判，這是一條新路，它最可怕的結果，也不會比現在更駭人一點，最多也不過是黑暗、空虛、分裂、醜惡，殘酷而已，我還可以大膽再說一句：假如十字街頭給我的只是失望，那麼，象牙之塔給我的，最多也不過是失望而已。」

「照你這樣下去，你只有背叛革命，逃脫戰鬥陣營，放棄政治理想。」

「從一開始起，我所追求的，只是生命！生命！生命！最高度的生命！最絕對的生命！革命和政治只是生命中的一個部門，並不是生命全體。它們只是生命畫展中的一個畫室，不能代表生命全部畫展。現在，這個畫室既然叫我失望了，我自然有權利到別的畫室再跑跑，看看。」

「那麼，你是正式決定整個脫離革命了，完完全全擺脫政治了？」

「一個人生下來，並不單有做革命家和政治家的權利，也有做木匠泥水匠或其他各種人的權利。大自然是自由的，人也是自由的。現在，我不憑別的，只憑我做人的自由權利，來結束我十年來的一章，再揭開新的一章。你罵我布爾喬亞也好，罵我動搖反動也好，罵我妥協和怯懦也好，我絕不再辯護。因爲，從現在起，我們已站在兩條精神道路上，路邊的風景既各自不同，感想他不會一樣。」

「我佩服你，你能堅持原來軌跡，固守到底，這是一個革命者的愚忠本色。但我不能贊成你。因爲，站在生命立場，這是一種廣泛的科學，容許各種懷疑，也承納各種新實驗。對於我過去的路，我絕不後悔，錯誤的不是我，而是我那種年齡。船的航程隨年齡而不同。對於我們的黨，即使我離開了，從某種角度出發，我對它也仍抱最低的肯定，和最高的期待。因爲，這究竟有一個美麗的理想，儘管它已開始被大大蹂躪了。我也不因爲我一個人的觀點歧異，而抹煞它在這一時代的某種特定任務，和可能有的一些好影響。」

「一切問題，歸根結柢是，我必須走得更遠一點。我願把我的測錘投入更深的海港底層，把我的船駛到更遙遠的彼岸一個人應該走一處亮一處。不應該走一處黑一處。做人如此。求眞理更應該如此。你們有你們的鐵律和法則。我有我的鐵律和法則。」

說到這裡，印蒂胸脯子昂起來，他眼睛灼灼發光，搜索對方，站在他面前的魁梧漢子，似乎漸漸矮下去、矮下去，……

夜快深時，他們握手告別，雙方都帶著異樣的情緒，與高度衝突的結論。但印蒂並不感悲哀。當他握著這位好朋友的大手道別時，他似乎並不是向對方告別，而是向一個活的信仰告別；在熱烈中，帶著堅決和果斷。

五

一千九百二十八年十月深夜。印蒂又一次被拖到黑衣法官面前，受最後一次決定性的嚴厲審判，這個法官名字叫「大靈魂」。

法官指著他面前兩堆東西：

一堆是高高的，在一片繡花織錦緞上，寶塔似的堆著聲望、榮譽、金錢、地位、愛情、幸福、和平、美麗的鴿翅、花朵、幻夢、芳香，……

另一堆其實不是「堆」，是空空的，只是一口無底深淵，又黑、又死、又冷、黑暗裡只漂浮一個小木片，刻兩個字：眞理。

「你究竟要哪一個？」法官戟指著印蒂鼻子，嚴峻的問。

印蒂冷靜的走上前，沉默而莊嚴，他走到深淵前面，望也不望，突然跳下去。

印蒂孤獨了。

二十六年生命，像一堆泡沫，一個夜晚，全部粉碎瓦解。十年信仰，像一堆盆火，一個夜晚，化爲灰燼。所有過去的夢與醉，希望與歡樂，都變成摩西律法裡砸死淫婦的石子，砸到他自己身上。一切慷慨交出去的血與淚，全變成一堆惡毒的嘲罵，雹霰似的向他打來。他二十六年華光閃閃的生命霓虹，只換來冷冰冰的兩個字：孤獨！他從沒有這樣咀味過孤獨，也從未像這樣懂得孤獨。一場大夢醒來，他睜開眼睛，赤裸裸發覺：除孤獨外，再投有別的收穫和鄰人。這點「發覺」毫不叫他失望。他衷心寧流出一片感恩的熱淚。二十六年來，他追求生命，唯一渴望的菓子，只是「眞實」，不是「虛妄」。這點「眞實」，即使比地獄還可怕，他也會咬緊牙關，衝上前去，緊緊擁抱它，而一腳踢開虛僞的天堂歡樂。

然而，孤獨也不單純是一片苦味。

孤獨不只是一種力量，一種高貴，也是靈魂向深湛生命海底的沉浸。只有古埃及大墓窟式的千年孤獨與寂靜中，他才深味生活的全部華貴與莊嚴。這種深味，也使他心靈更深一層邁往火山熔岩湖畔。在那些無邊孤獨的午夜，在那些無涯的寒冷裡，全世界像一塊北極碎冰，無聲無臭的毀滅了、消失了、飄走了，只有他一條孑遺靈魂屹立於冷黑中。這靈魂像一座飛動的巨大火柱，從火山湖底噴出燁燁光華，燦爛如朝霞的芒燄，這片壯麗火景的創造者是他，僅有的旁觀者是他，唯一的欣賞者也是他。他願意如此。他不再需要第二個人看見這點秘密。這點秘密，也只有當他獨自品賞時，才分外現出分量和深度。當人們群聚，以放鞭炮與圍爐爲不朽勝業時，他卻藉這支火柱孤芳自賞、自傲。「生命是什麼呢？——燃燒！輻射！不斷的輻射。無窮無盡的燃燒。一切文化和歷史的建築構造，也只是一串串必然和偶然的燃燒。然而，只有在最深的孤獨中，它才燒得特別強烈。孤獨與沉寂逼人瘋狂燃燒，且以它爲唯一反叛。」

在孤獨中的燃燒，唯一的煤塊和柴薪是：痛苦。

舊的燈光熄了，新的路火沒有出顯，他此刻被扔入黑暗中。他的精神過著一種暗無天日的生活。九年前那片狂渴，又從長久沉睡中甦醒。他狂渴的伸手向四面抓，但什麼也抓不到。他並不絕望。還是繼續抓、抓、抓！總想抓到一點什麼。他拚命讀斯賓諾沙，讀康德，讀尼采，讀托爾斯泰，讀歌德，讀叔本華，讀羅曼羅蘭，讀克魯泡特金，讀他所能找得到的任何大師，但他衷心所要抓的東西，這裡面幾乎一片也沒有。不錯，他能從這裡捉一點碎片，那裡取一點散錦。但碎片和散錦拼湊起來，依然是一團碎片和散錦，依然塡不滿他精神上那個大窟窿。它們又像一些麵包屑，拚命被塞到嘴裡，只能刺激饑餓胃囊的更深饑餓。這種更深的饑餓，世界上卻沒有任何食物或藥品能療治。

主要是，他的情緒已成爲一片迷沙，他的腳步已顚三晃四。他自己根本是搖搖擺擺。即使面前眞出現什麼，他抖顫的手也抓不住。

就另一情形說，他對大師們的錯覺，寧出於一種厚誣和不全。相反的，大師們並不是麵包屑，而是一盤盤山珍海味，無上佳肴美饌，只是他的腸胃饑餓太久，虛弱極度，目前只能進一點輕鬆的流質食品，那些粗大而油膩的佳肴。根本無法容納。這種生理上的臨時悲劇，表現在浮誇精神上，便變成一種對大師們的錯覺。有時，他自己也明白，這是很惡劣的錯覺。但他無可奈何。他此刻極矛盾。

在這種矛盾中，有時，他想踏入父親房間，向後者伸出手。然而，他又直覺那間死蝴蝶標本多於活人氣息的房子，對他寧是一種麻醉藥，甚至是變相毒素：那位老年生物學家用一套精緻理論編成個輝煌網罟，不僅要套死自己，也要套死別人。在這片冷清清網罟裡，許多發光閃亮的智慧可以給你快意，然而，沉醉的結果，卻只是一場更深的空虛。父親的灼灼智慧，已被一層過濃重的陰影所籠罩。印蒂愛那點閃亮，卻更怕那片陰影。為了取得一枝偶然烱光的燭，必須附帶接受一大堆暗影，他覺得不合算。最低限度，目前年齡限制他這樣做。

接著，一串可怕的日子來了：荒涼、凜冽、沍寒、陰濕、抑鬱、寂寞、……，一千種一萬種悲劇氣氛環繞他、攻打他。他不想吃，不想喝，不想看書，不想看人，不想睡，也不想醒。夜裡，他無慾望的躺在床上。白天，他無慾望的走著。他常常跑到江邊，凝望滾滾大江的奔流，度過一些清晨及黃昏。他什麼也不想，也不咀味，也不回憶，只傻望著那片茫茫江流，瞧它們翻滾、疾衝，衝到他心裡，衝到他血裡。早晨，他痴痴凝視那片新鮮像春天的朝陽，那一輪又大又紅的光燄在閃、在亮、在耽視他、滲透他，他血液裡浸透太陽的光、色、和熱味。黃昏，那一輪紅漸漸淡了、黯了，沉入江盡頭了。他眼前一片黑，一陣眩暈，自己所有形骸似全隨這片落日沉入江底。在一些大雨的日子，他光著頭，衝入雨中。他在雨裡狂跑。他內心有一團可怕的人，必須藉雨澆滅。他渾身淋個透。他回來了。深夜，一陣急雨猛打窗門，他醒了，披衣下床，踱到窗前，瞭望窗外一片黲黑，以及黲黑中偶然劃過的電火。一陣陣秋雨斜斜曲曲的向他意識裡颳來，颳著颳著，化爲一片黏液體，膠住他。這是一種冷冷的沈沈的怪味道，窒息而痛苦的怪味道。他覺得，自己變成一尾泥鰍，在一片泥沼中掙扎。……許多個下午，他枯坐後園內，傾聽秋風落葉，瞅那一排排發黃發枯的長草，那些高過人嘴唇的知風草，蕤垂的掃帚草，莖葉生細毛的有毒的毛莨，……。最後一支蟬唱早就沒有了。秋深深深深的。到處一片風捲落葉聲。一溜溜尖峭的寒意泛濫著。一個聲音在喊：刮吧！刮吧！刮斷這一切草，刮走這一切樹葉，叫花落草黃，叫綠葉子變金，叫落葉黃閃閃的哀鳴，讓所有的生命春季死掉，爛掉，讓所有的鮮艷衰掉、枯掉，讓所有的歡笑萎掉、黃掉，現在是秋天、秋天、秋天，……

這是一些病態的日子。他的情緒和思想正害一種腐蝕性的病。他觀照自己內在的那團漸漸變色變弱的火，那團像秋天一樣漸黃漸萎的火。他害怕起來。他非常非常害怕。

終於，他決定施行一次療治。

他環顧四周，想找一點治療的條件和機緣。不僅爲他自己，也爲親人。父母已開始發現他精神不太正常，對他表示深切關懷。

正在這時候，他接到林鬱一封信。

「蒂：我們幾乎兩年沒有通信了。這兩年中，我沒有接到你一個字。我曾按照舊通信處，寄你幾封信，一直沒有回音。後來，我收到楊易的信，才恍然明白一切。」

「這一年多，你在忍受一個遭遇，我絲毫不能給你一點安慰和幫助，希望你能寬恕我。對於你所經歷的不平凡的試鍊，我起初是痛心，繼而愴惻，接著產生的，卻是崇敬和歆羨。艱苦能創造一顆高貴的靈魂。經過這樣沉重的錘鑄，從你舊性格裡，會產生怎樣堅強而結實的新型格！我爲你慶賀。我慶祝你個體靈魂的「文藝復典」。

「從今年夏季起，我離開法國，接受華僑朋友邀請，赴南洋B埠接辦光明報。到現在止，已接手三個月，外間反應不錯。但我缺少結實精幹的伙伴。我覺得孤單。我想起我的朋友：特別是你與莊隱。只有你們兩個，才能幫我最大的忙。莊隱漫遊迢迢東北，離我太遠了。近幾年來，他鐵路上的生活頗優裕。他捨不得離開美麗的銀色北國，來吹熱帶海風。你呢，兩個月前，我做夢也不敢想到你。最近楊易來信，提到你與左獅賈強山他們的絕裂，我才瞭解你的詳細近況。聽到你最近這段悲劇故事，我不能形容我的感想。它是異常複雜的。楊易來信簡略，我無法作正確判斷。但我有一個成見，就是，眞理一定在你這邊。此刻，我只有一個渴望：渴望再看見你。我希望：你那滿是創傷的破碎心靈，在南洋海邊，能獲得一段平靜的醫療。這種醫療，對你或許是必要的。我無庸向你描繪南洋的面貌，它的迷人畫面，你早就知道了。報館裡的工作、名義、和職務，你有挑選的自由。你在這裡，不會受任何拘束。你應該相信我。這一次我邀你來，除了公務，還帶了很濃厚的自私心，我渴望與你重聚，共躺海濱，在高高的椰子樹下，海風吹拂中，傾敘幾年來的契闊。你還記得嗎，八九年前，在北國古城，在那些帶有古教堂意味的莊嚴冬夜，我們曾守著公寓火爐邊度過多少可愛的夜？」

「假如你願意來，請即給我一個電報，我立刻爲你匯旅費。我的通訊處見信面。

「我熱烈的希望你來。我非常熱烈的希望你來。

來吧！老朋友！」

這封信來得正是時候。

印蒂毫不躊躇，作了一個肯定的決定。

許多天來，他第一次衷心感到巨大歡快。

幾乎與此信同時，另外一件事比這封信更感動了他。

大約是接信後的第三晚。他單獨與父親在書齋閑談。他突然提出一個問題。這一問題，一直藏在悶葫蘆裡，他早就想提出了。

「爸，我這次被釋放，經過情形，我絕不相信像您說的那樣簡單。這裡面，一定還有一點另外條件。現在，您應該相信我的一切了。我希望您能告訴我內幕眞相。究竟是在什麼條件下，他們准許我被保釋的？」

印修靜先生嘴裡叼著板煙斗，靜靜抽煙，微微露出苦笑。起先，他只用話搪塞，什麼也不肯說。說事情早成陳迹，無須再提了。經不住印蒂兩次三番懇求，他終於軟化了。他沉思了一陣子，輕輕吐一口藍煙，幽幽的慢慢的道：

「條件也很簡單，你出獄後的行動，我負全責。」

「怎樣負責呢？」

印修靜先生沉重而堅定的道：「我簽了字，假使你再出現在他們黑名單裡，我就是人質。」

印蒂吃了一驚，嚴重的問道：「假如當時我當眞又回到他們中間呢？」

「除非你不被發現，否則，他們就有權逮捕我做人質。」

「爸當時爲什麼不明告我一切？」印蒂有點焦躁的問。

印修靜先生微微苦笑道：

「當時我如果明告你，你就不願跟我出來了。當時不告訴你，事後在道義上更不該告訴你，否則，你會以爲我用一種欺詐軟誘的手段。我平生最恨的，就是不光明磊落。」

說到這裡，他猛吸一口煙，似乎要排除內心沉重的鬱結。

印蒂楞了楞，微微顫聲道：

「那麼，爸，您爲了我，就這樣拿自己做一個大冒險？」

印修靜先生唇角那兩撇曲線紋，特別深刻的顯出來，表現他慣有的那份諷刺的苦味。他慢騰騰的道：

「這不算冒險。對於一個或多或少厭倦生命的人，生命不可能含有任何冒險的原料。」肯定而沉重：「我早就不再堅持自己的存在方式和內容。即使毫不爲什麼，我也隨時可以讓任何一種力量支配我，處置我，而毫無怨言。假如爲了延長自己孩子的幻藥，老年人必須接受一點較突然的命運，他內心應該——很平安！……嗯，很平安。」

印修辭先生不願再說下去。他怔怔垂下陰鬱的眼睛，一面沉思，一面靜靜吸煙。

印蒂不開口，不油然的，兩隻手緊緊握住那隻擱在紅木椅扶手上的蒼老右手。接著，淚水湧出眼眶，一滴滴流過雙頰。

這一晚，印蒂回房，很長久的沉入一種感激的情緒中。

感激之餘，他產生一個新動機。

原定計畫是：先覆林鬱電報，等旅費匯來後，再告訴家裡。在一種既成事實面前，他們即使反對，也無能爲力。現在，他的思想改變了。他覺得，這樣做，未免有點卑鄙。乘回電還未拍，他應該先與父母商量。他既已明白後者對他同情的眞正深度，在這種深度面前，他的願望不太會被拒絕的，更何況他有充分的理由。父親同意後，由他出面解釋，母親那一關，即使最初有阻礙，終必可通過。

計議既定，第二天下午，印蒂帶了信，去找父親。

他正在後園裡捕捉秋季草蟲做標本。

印修靜先生看完信，知道兒子的決定，神色很平靜。他望著地上玻璃罩內兩隻草蟲，沉鬱而淡淡的，只簡單說了三四句話：

「也好。……能飛，還是飛的好。……希望你將來不要像我這樣——」

他又蹲下來，察看地上那兩隻剛捉住的油葫蘆，它們正在罩子裡撲鬥。他不再說下去。

這天晚上，印修靜先生把兒子找到書房裡，問明詳細情形，答應向母親勸說。

生物學家抬頭望望窗外天空，陰暗的臉廓充滿沉思。

「那些永遠摘不下來的星光，它們似乎對你永遠是個誘惑。你似乎總想把它們摘下來？」

「越是遙遠的星光，對我越是個誘惑。但我相信，人間星光，不管怎樣遙遠，終有一天，會變成我書桌上的台燈的。」

生物學家沉思一會，突然，那雙慣愛怔怔下垂的陰鬱雙眼，一反常態，堅定的筆直看著兒子：

「你知道，我對任何人間星星不感興致。在我眼裡，它們永遠是浮光掠影。不過──」他摸摸頰下三柳長髯。「我不反對別人迷戀它們。」他的眼睛閃射光芒。「我生平最不歡喜三日打魚，兩日晒網，更厭惡一窩蜂似地趕巴黎時裝展覽。我希望你能多少記得我這種習慣。」

「爸！請你看看你兒子的眼睛。」印蒂睜大那雙又深邃又強烈的大眼睛，它們彷彿兩支利箭，要射入父親靈魂深處。「過去，這雙眼睛獻給你和媽媽的，是眞誠，恆心。今後，獻給你們和這個人間的，將永遠是眞誠、恆心。」

生物學家不再開口，從椅子上站起來，和兒子緊緊握手。

母親先是堅決反對兒子的決定，幾乎聲淚俱下，經不住父子聯合戰線強大壓力，再加上父親委婉解釋，她終於妥協。她非常瞭然：南洋的海水，對兒子健康的恢復，具有何等深刻意義。這一晌，由於兒子精神狀態不最正常，她一直焦慮，眼前旣有一個改變循環與生活方式的機會，她估計，這對他恢復身心常態，必大有裨益。何況印蒂又一再申明，他此行不超過半年，只算是一個「短短旅行」。

答應印蒂要求的那一晚，她通宵沒有睡好。

一個月後，印蒂做夢似地出現在船上。搭火車到S埠，再轉乘海輪，本最方便，但他卻踏上江輪。他願意與流水在一起。他願意再一次擁抱大江的非凡氣象。這是一段長遠的新旅程，他希望它開始於大江奔流的浩浩波濤中。從旅程起點，他就決定把自己包圍於飛湍急瀨中，黑暗的浪山中。深夜，人們睡了，他獨自冒寒意與風露，在甲板上坐到天明。他用全部熱愛，凝望蒼莽江水，整個思想與情緒都沉入濁流中。兩岸的平原，村莊、森林、和小鎮，是一些被割斷的動脈，癱瘓於星光下。大地與人全變成一派嘆靜。只有流水聲與馬達聲從死寂中衝出來。在朦朧月光下，幽暗的霧氣團遠遠近近昇起來，大氣彷彿凝成大塊大塊的，散綴於江面。江水不斷奔吼，疊捲一片片浪濤泡沫，葡萄球狀的激射著。一些泛溢的波谷中、搖幌黑簇簇的陰影。長江無休止的奔著、流著。他沉入大流中。它叫他深深咀味水的風格。這是世界上永恆偉大的象徵和縮影。由這個象徵縮影，他又想起它偉大的情緒：潮、潮是水的最強烈最凝聚的情感表現。他不禁醒醉於記憶裡。他回想起十四年前，隨親戚赴海寧觀錢塘江潮一幕。那是江流情態的極峰表演。在鹽官鎮，那幾夜，一聲呼喊：「潮來了！潮來了！子午潮來了！」人們瘋也似地衝出旅店、小鎮、村莊，衣衫零亂，奔到長堤上。遠遠遠遠的，從大江盡頭，一陣諠噪聲低鳴起來，越鳴越響，愈響愈粗獷，終於變成一陣嘈吼聲，焦雷樣的震蕩夜色。淡淡月光下，江面突出現一條銀色一字長蛇陣，一根漫長的碩大白線，以蟹行姿態向前橫進，翻滾著。這條雪白巨蟒約有二三十丈長，無停休的打橫挺進，吒吼聲越來越急，千千萬萬鐘錘鼓錘似的，猛撞著鐘鼓式的夜靜，發出深宏的迴聲。終於，潮身裸露了：在浩浩蕩蕩蒼蒼茫茫的江面上，好像倒掛了兩里寬的銀色瀑流，它是一幅健壯的活動景，連山崛起，櫛比排突，莊嚴而豪雄的往前奮進。那一長串雪色潮頭，衝起兩丈高，似萬萬千千銀色奔馬排成一條偉巨的行列，齊昂首對天鳴嘯，嘯著嘯著，又像參加大閱兵儀式，以「西班牙步」向前高傲邁進。無數潮頭嗥吼著、嘒叫著、聒噪著、騷動著、昂壯奢稜、掀騰翻搧。但在千百種錯綜姿態中，卻裸裎一片偉大的和諧，偉大的規律。千千萬萬波濤都以同一整齊的聲音，同一整齊的步伐，桀驁勇進，如英國皇家大閱兵式中的橫隊挺進。那把江面割成兩半的二三十丈長的白線，始終保持一根最直的直線，彷彿早用幾何尺量過了。在影綽綽月光的燃照下，乳色的銀輝中，那白亞色潮陣爆吼著，華嚴直進，像是千百彪巨潮神的化身。這一陣又一陣瘋嘯聲，喚醒了人們原始的慾望，原始的燃燒，也吼醒了宇宙最原始的大星雲意識，獷野的千萬太陽的燔燒，蠻悍的偉大旋轉與舞蹈。生命正是一團團慾望、一團團燃燒、一片片旋轉與舞蹈。這慾望曾燃燒於那雄壯潮陣中，燔熾於錢塘江畔，此刻，也熛燃在他血液裡，他面前的江流中，並旋轉於滾滾波濤內，舞蹈在飛濺的浪花裡。他整個人似已粉碎于江流衝擊中，雙成它的一部分，是原始宇宙的一部分；變成千萬個太陽，通體煅燒成一片光亮，一團火明。光亮中、火明中、燃燒中，他聽到一陣陣吼聲。不知道是火的吼聲，是燃燒的吼聲，是江流的吼聲，是他自己的吼聲，還是原始宇宙和千萬太陽的吼聲。吼聲無休止的吼、吼、吼：——去死吧！去受苦吧！去碎裂吧！去被毀滅吧！去戰鬥吧！啊，戰爭！戰鬥！永無休止的戰鬥！生命是一長串戰鬥與征服。一千次歡樂抵不上一場痛苦的戰鬥！一千個春天抵不上一場痛苦的征服。與痛苦戰鬥。與生命戰鬥。野獸樣向生命撲過去！與生命肉搏！抓生命的頭，擰扭生命的臉！打碎生命的牙！咬生命的肉！喝生命的血！抽出刀來，砍斷生命的手！拔出劍來，狙擊生命的胸膛！征服生命！征服生命！不讓生命這隻妖魔操縱你！蹂躪你！征服這個妖魔！征服牠！征服牠！征服生命！征服生命！征服絕望與幻滅！征服悲哀與破碎！征服黑暗與污穢！……去追求！去追求！到地底去追求！到海角天涯去追求！眞理潛藏在災難裡！眞理埋伏在最深痛苦裡！眞理活在黑夜閃光裡！去發掘！去捕捉！去狩獵！生命不是爲了做點綴的侏儒！不是爲蒼蠅樣到處舐甜！不是爲了蚊子樣嗡嗡嗡嗡，又貪婪、又牢騷、又懦怯！生命是爲一場霹靂雷鳴、爲一場瀰天雷火。生命永遠是雷吼！雷閃！雷打！雷燒！雷劈！生命是挪威海吼！生命是攔住千萬胡馬的萬里長城！生命是尼加拉瓜大瀑布！生命是上帝式的創造！永遠不斷的創造！創造！創造！到大海去創造！到煉火中去戰鬥！到地獄裡去征服！到喜馬拉雅山不朽巨峰頂去創造！創造！創造！追求！戰鬥！征服！創造！創造的大歡喜與大沉醉！生命在大追求裡！生命在大戰鬥裡！生命在大征服裡！生命在大創造裡！生命在大歡喜與大沉醉裡！啊！生命！生命！生命！生命！戰鬥！戰鬥！戰鬥！戰鬥！戰下去！戰下去！戰下去！戰下去！戰下去！戰下去！戰下去！戰下去！

一九八一年六月第一次修改
一九八二年六月十七日第二次改
二〇〇二年六月第三次修改

詩篇手稿

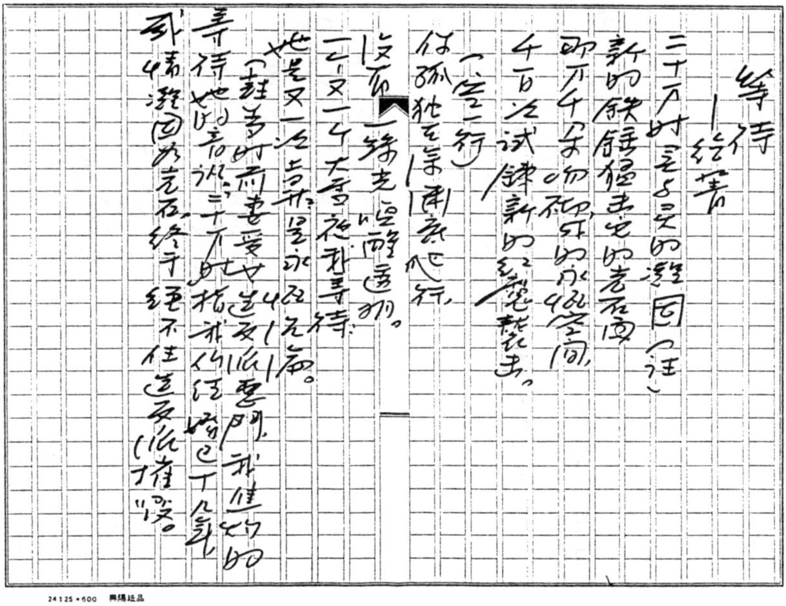

等待

——給菁

二十萬時靈與靈的凝固(注)
新的鐵錘猛擊它的岩石面。
那萬千朵吻砌成的永恆空間，
千百次試鍊(煉)新的紅魔襲擊。

你孤獨在深淵底爬行，
沒有一絲光喚醒透明。
一個又一個大雪夜我等待：
她是又一次上昇？是永恆沉淪。

(註)當時前妻受女造反派惡鬥，我焦灼的等待她的音訊。「二十萬時」指我們結婚已十幾年，感情凝固如岩石，終於經不住造反派摧毀。

以下四首遺作，爲乃夫先生舊作，於二〇〇二年六月間手稿遺墨加以批注。

仳離

是永遠離開我的時候了。
你的小手指太短攀不上
阿爾卑斯峰巔的玫瑰。
你的小足踝已在滴血。

永恆的颱風與鞭撻，
是你的永恆命運。
千百次閃避只帶來：
更大的瘋狂，更深的血滴。

（註）此指一九七一年前妻劉菁來信要求與我離婚，接信，我七十二小時不能闔眼入眠，極痛苦中，只得允其要求。

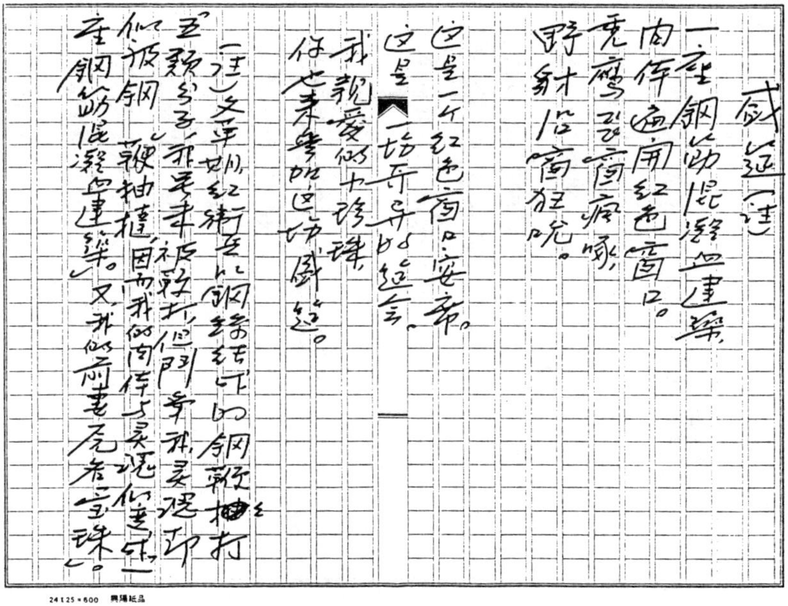

盛筵（註）

一座鋼筋混凝血建築，
肉體遍開紅色窗口。
禿鷹飛窗瘋啄，
野豺沿窗狂吭。

這是一個紅色窗口宴席。
這是一場奇異的筵會。
我親愛的小珍珠，
你也來參加這場盛筵。

（註）文革期，紅衛兵以鋼絲結成的鋼鞭鞭打「五類分子」，我雖未被鞭打，但鬥爭我，靈魂卻似被鋼鞭抽韃，因而我的肉體與靈魂似變成，「一座鋼筋混凝血建築。」又，我的前妻原名「寶珠」。

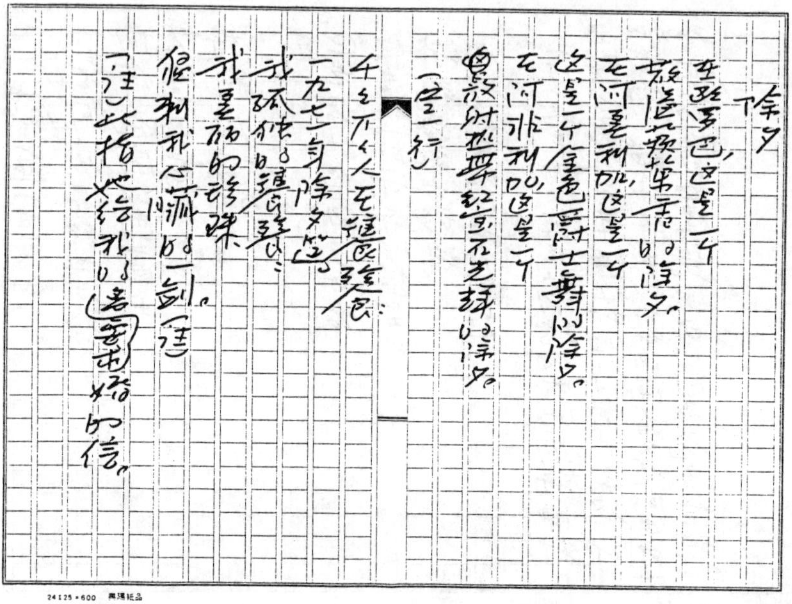
除夕
在歐羅巴，這是一個
散溢蘋果香的除夕。
在阿美利加，這是一個
這是一個金色爵士舞的除夕。
在阿非利加，這是一個
放射熱帶紅寶石光輝的除夕。
（空一行）
千千萬萬人在饕餮：
一九七一年除夕筵。
我孤獨的饕餮：
我美麗的珍珠，
猛刺我心臟的一劍。（注）
（注）此指她給我的要求離婚的信。

24125=600　興陽紙品

除夕

在歐羅巴，這是一個
散溢蘋果香的除夕。
在阿美利加，這是一個
這是一個金色爵士舞的除夕。
在阿非利加這是一個
放射熱帶紅寶石光輝的除夕。

千千萬萬人在饕餮：
一九七一年除夕筵。
我孤獨的饕餮：
我美麗的珍珠，
猛刺我心臟的一劍。(註)

(註)此指她給我的要求離婚的信。

以上四首遺作，爲乃夫先生舊作，於二○○二年六月間手稿遺墨加以批注。